中国现代贵金属币市场分析报告

(2017年)

ANALYSIS REPORT OF THE MARKET
FOR CONTEMPORARY PRECIOUS METAL COINS
IN CHINA (2017)

赵燕生 编著

中国财经出版传媒集团
中国财政经济出版社

图书在版编目（CIP）数据

中国现代贵金属币市场分析报告. 2017 年／赵燕生编著. —北京：中国财政经济出版社，2018.4

ISBN 978-7-5095-8137-7

Ⅰ.①中… Ⅱ.①赵… Ⅲ.①金属货币-市场分析-研究报告-中国-2017 Ⅳ.①F822.2

中国版本图书馆 CIP 数据核字（2018）第 050699 号

责任编辑：贾延平　张　莹　　责任校对：李　丽
封面设计：陈宇琰

中国财政经济出版社 出版

URL：http://www.cfeph.cn

E-mail：cfeph@cfeph.cn

（版权所有　翻印必究）

社址：北京市海淀区阜成路甲 28 号　邮政编码：100142
营销中心电话：010-88191537　北京财经书店电话：64033436　84041336
北京时捷印刷有限公司印刷　各地新华书店经销
787×1092 毫米　16 开　11.25 印张　148 000 字
2018 年 4 月第 1 版　2018 年 4 月北京第 1 次印刷
定价：60.00 元
ISBN 978-7-5095-8137-7
（图书出现印装问题，本社负责调换）
本社质量投诉电话：010-88190744
打击盗版举报热线：010-88191661，QQ：2242791300

ANALYSIS REPORT OF THE MARKET
FOR CONTEMPORARY PRECIOUS METAL COINS
IN CHINA (2017)

前 言 / Preface

在我国的金币市场中，各个币种的交易价格始终处于动态变化之中。这种变化既包括由不同直接诱因引发的全局性周期波动，也包括某一时点的波动或者在某种场合下的波动。从周期性波动看，从2011年8月开始，我国金币市场的整体交易行情开始进入新一轮下行周期。在此之前，已经出现过三次较大的周期性起伏和波动。从某一时点或某种场合的价格波动看，不管是在价格变化周期的哪个时段，市场交易价格也始终处于小幅的波动状态。即使是在同一场拍卖会中，同一种相同质量等级的币种往往也会拍出不同价格。以上情况充分说明，在我国的金币市场中，各个币种的交易价格不断变化是绝对的，不变是相对的。

市场交易价格为什么会始终处于动态变化之中？其中又有哪些值得关注的主要规律？

简单来说，影响价格变化的最基本因素是供需关系。当供给大于需求时价格就会下降；反之价格就会上涨。其中，供给主要是指现代贵金属币供应总量的数量和质量。需求主要是指以入市资金形式反映的需求总量。在上述的供给与需求量中也包括某一时点或某种场合的动态变化。我国的现代贵金属币具有非刚性需求特性，因此影响价格变化的因素不能简单用一般的供需关系法则解释，特别是参与市场资本的逐利性和复杂性，使得价格变化的成因相对比较复杂。

从供给的增量看，由于我国的现代贵金属币是一种在垄断条件下经营的形式货币，国有专营企业已经为其设计了一整套无风险经营的销售制度和体系。如果这种经营体系的顶层设计存在缺陷，供给根据需求进行调整的弹性可能较小。从供给的存量看，现代贵金属币在民间的自然消耗相对较小，市场的总存量将不断聚集和扩大。这些就是我国现代贵金属币市场总供给的基本特点。

从需求方面看，虽然我国的现代贵金属币以货币形式出现，但它们本质上属于非刚性需求的以贵金属为载体的工艺或艺术类收藏品。这种商品的总需求量不能按人口计算，它将取决于真实的入市资金。对入市资金起决定作用的是市场预期，而市场预期将受到外部环境和内部因素的影响和制约。外部环境主要包括贵金属价格走势、货币流动性、民众的平均文化消费水平、收藏品市场的大环境和重大纪念事件。内部因素主要包括金币市场的生态环境以及现代贵金属币的保值增值状态。其中，金币市场生态环境主要是指由参与者素质决定的运行机制、市场规则、利益关系、信息质量、收藏投资及消费结构、价值取向、市场效率、市场秩序、诚信状态等。保值增值状态主要是指与其他艺术收藏品相比在投资性能上是否具备比较优势，同时也要观察币种的增值幅度是否能够跑赢同期的货币贬值速度。只要具有正向的市场预期，就会有大量资金主动入场，形成需求总量上升的态势；反之就会有大量资金撤离市场，形成总需求下降的态势。在这里，并不存在价格越低需求就越大的一般供需关系规律。这些就是我国现代贵金属币市场总需求的基本特点。

从买卖双方的一般交易行为看，卖方总是希望以较高的价格卖出，买方总是希望以较低的价格买入，因此市场交易价格是在市场预期导向下买卖双方博弈的结果，同时，价格将围绕价值波动。当市场处于上升通道时，收藏投资资金和杠杆资金增加，市场的平均交易价格往往高于平均的价值中枢，形成牛市和价格泡沫，同时开始出现掉头向下的拉拽力。当市场处于下降通道时，收藏投资资金和杠杆资金减少，市场的平均交易价格往往低于平均的价值中枢，形成熊市和超跌的价格洼地，同时产生从底部回升的反弹动力。实际上，市场交易价格符合价值只是一种理想状态，在一般情况下价格与价值都是不相等的。特别是在我国的金币市场中非理性的追涨杀跌现象经常出现，这种市场惯性很难避免，由此形成牛熊转换的重要机理。在我国的金币市场中，发挥资本的力量和适度投机是必要和不可避免的，但过度投机和过高的资金杠杆将会形成一定的价格泡沫和较大的市场波动。这也是我国金币市场价格变化的重要特点之一。

由于入市资金的逐利本性和市场信息存在透明度瑕疵，市场交易价格有时并不能真实客观地反映供需关系，由此便形成了交易价格的假象和扭曲。例如，庄家的吸筹砸盘和控盘拉高、新品有意形成的供应短缺、人为操控的所谓做市等，都会在某个时段内出现交易价格的非常规性异动。这种情况在我国的金币市场中屡见不鲜，例如新品交易的高开低走、制造虚假不实概念的投机炒作、利用信息不对称进行的暗箱操作等。这也是分析我国金币市场交易价格变化特点的重要切入点之一。但是，从更长的时间跨度观察，这种交易价格的假象最终也要接受市场检验，回归到它们应有的价格。

随着国家社会经济发展和人们物质文化生活水平的不断提高，我国现代贵金属币的价值中枢在螺旋式的波动中不断提升，也是一个非常重要的基本规律和特点。回顾我国金币市场的发展历史，随着贵金属价格的波浪式上涨、社会平均购买力的稳步提升、收藏投资群体的不断扩大、市场生态环境的逐步改善和货币出现贬值态势，市场的平均交易价格和价值中枢在波动中呈现出不断上升的总趋势。认识并掌握这种基本规律，对全面认识我国金币市场的价格变化特点十分重要，尤其可以为熊市时树立市场信心提供理论和实践支撑。

对于每一个收藏投资者来讲，其最关心的问题是自己手中金银币的价格会怎样变动？如果进行收藏投资，他应该选择什么样的币种？实践可以清晰地告诉人们，即使是在牛市时也有价格不动甚至下跌的币种，在熊市时也有价格上涨的币种。在大势面前，面对涨跌互现的局面，如何选择抗跌易涨的精品就成为关键。何为抗跌易涨的精品？简单说就是文化艺术价值和收藏投资价值俱佳的币种。市场发展的历史已经证明，收藏投资价值是动态的，文化艺术价值是永恒的。具有优秀文化艺术价值和收藏投资价值的币种一定会受到社会普遍认同，目标收藏者会不断扩大，在供需关系的作用下，其市场交易价格会稳步提高；反之，如果收藏投资价值只是暂时凸显、没有优秀的文化艺术价值作为支撑的品种，那么它们早晚会被淘汰。

我国的金币市场从2011年8月开始进入这一次价格调整周期已经六年多了。这次的价格调整周期到底要持续多长时间？具备怎样的条件才能出现金币市场的稳步上行？要想科学地回答这些问题，关键要看影响供需关系的主要因素如何变化。对我国的金币市场来说，外部环境不以人们的意志为转移，我们只能密切关注它，但是内部因素是可以通过人们努力而不断改善的。只有不断推进供给侧改革，在体制机制上增加调整供需关系的弹性，努力改善金币市场的生态环境，大幅度提高市场信息的透明度和交易效率，设法从总体上实现我国现代贵金属币保值增值的比较优势，调动积极因素，遏制消极因素，在外部环境具备条件时，我国的金币市场才有可能迎来新一轮的价格上涨周期。

当前，我国金币市场的总体运行状况不容乐观。2017年贵金属价格走势呈区间震荡，没有出现突破性行情。从发行增量看，投资金币没有延续2016年爆发性增长态势，实际销售量与2016年相比差距较大。纪念币发行增量的整体表现不佳，除少数项目和币种的市场交易维持在零售指导价之上，其他项目和币种的市场交易价格均在零售指导价之下运行。特别是2017年发行增量的市场交易价格整体性跌破批发价，是多年来没有发生的现象。从发行存量看，虽然有些板块和币种的交易价格出现上扬，但整个市场仍然延续2016年下半年的走势，继续下行探底，出现了一波补跌行情，主要收藏投资价值指标持续走弱。特别是邮币卡电子交易平台的风险和缺陷开始充分暴露，对二级市场造成较大杀伤力，给不明真相的参与者造成重大损失。以上情况已经集中反映出当前市场的困难和问题。面对弱市，2017年的金币市场也出现了一些积极因素，例如，管理层开始加大投资金币的宣传力度，经营资本正在加快淘汰和整合，网络交易也在继续快速发展，民间交流和推广活动仍在继续增加，钱币鉴定评级市场全面竞争的局面已经形成，在弱市中人们开始注重现代贵金属币文化艺术价值的研究与发掘。这些有利因素将为市场的稳定和回升奠定基础。

2018年我国金币市场的外部环境将中性偏好，内部因素的不确定性较多，因此2018年我国金币市场的总体走势可能会进一步夯实底部，逐步形成今后向好的市场基础，大幅上涨的概率较小，同时也不排除可能出现震荡和反复的行情。

《中国现代贵金属币市场分析报告（2017年）》是继2013年出版《中国现代贵金属币市场分析报告（2012）》之后的年度连续性分析报告。报告继续沿用原有的理论框架、指标体系和运算系统，利用定量分析工具和分析系统提供的数据，以市场价格波动为主题，从数据、分析和展望等角度出发，试探性研究2017年我国金币市场的发展状况和市场交易价格的变化动向，为市场的科学健康有序发展服务。

赵燕生
2018年2月于北京

ANALYSIS REPORT OF THE MARKET
FOR CONTEMPORARY PRECIOUS METAL COINS
IN CHINA (2017)

目 录 / Contents

第一部分 数 据 / 1

第一章 2017年大盘运行状况 / 3

第一节 市场总体运行状况 / 3
 一、市场总体运行状况数据 / 3
 二、市场发展历史数据 / 10

第二节 2017年大盘发行增量运行状况 / 14
 一、市场运行状况数据 / 15
 二、一级市场销售渠道及利益分配数据 / 27

第三节 2017年大盘发行存量运行状况 / 30
 一、市场运行状况数据 / 31
 二、纪念币中典型板块数据 / 37
 三、全部现代贵金属币中典型币种数据 / 43

第二章 市场其他经营活动运行状况 / 50

第一节 钱币鉴定评级市场状况 / 50
 一、钱币鉴定评级市场的增量及结构数据 / 51
 二、钱币鉴定评级市场变化的对比数据 / 52
 三、现代贵金属币鉴定评级市场的增量及结构数据 / 53
 四、现代贵金属币鉴定评级市场的总量及结构数据 / 54

第二节　钱币拍卖市场状况　/ 56
第三节　国际金币市场和国际国内黄金市场有关状况　/ 58
　　一、国际金币市场数据　/ 58
　　二、国际投资币铸造量数据　/ 59
　　三、国际国内贵金属市场数据　/ 60
　　四、2017年国内黄金消费状况数据　/ 62

第二部分　分　析　/ 63

第三章　市场运行状况分析　/ 65
第一节　2017年大盘发行增量分析　/ 65
　　一、总体分析　/ 65
　　二、市场发展中遇到的主要问题　/ 74
第二节　2017年大盘发行存量分析　/ 79
　　一、总体分析　/ 80
　　二、纪念币内部结构变化及成因分析　/ 85
　　三、市场变化的主要特点　/ 89
　　四、分析小结　/ 90

第四章　市场热点分析　/ 93
第一节　电子交易平台　/ 93
第二节　钱币鉴定评级　/ 95
　　一、市场变化分析　/ 96
　　二、市场中出现的新动向和问题　/ 100
　　三、市场如何健康稳定发展　/ 104

第五章　市场分析总结　/ 107
　　一、市场运行的基本状况　/ 107
　　二、市场变化的主要特点　/ 109

三、我国金币市场如何健康稳定持续发展　/ 112

第三部分　展　望　/ 119

第六章　解读 2018 年发行计划　/ 121

第一节　数据分析　/ 121
一、投资币的对比分析　/ 121
二、纪念币的对比分析　/ 122

第二节　解读计划　/ 125
一、投资币　/ 125
二、纪念币　/ 125

第七章　研究判断 2018 年市场走势　/ 128
一、外部环境　/ 128
二、内部因素　/ 133
三、总体研究判断市场走势　/ 137

中国金币市场 2017 年大事记　/ 138

主要名词解释及定义　/ 144

"中国现代贵金属币信息分析系统©"说明　/ 148

附表　/ 151
附表 1　中国现代贵金属币项目主题分类统计　/ 151
附表 2　中国现代贵金属币发行重量规格分类统计　/ 152
附表 3　中国现代贵金属币发行币种技术特征分类统计　/ 154
附表 4　2017 年板块阳光工程公布的实际铸造数量统计　/ 155

附表5 2017年度评价收藏投资价值综合指标（BH值）最高的前25名金币和铂币名单 /157

附表6 2017年度评价收藏投资价值综合指标（BH值）最高的前25名银币名单 /160

附表7 2017年度评价收藏投资价值综合指标（BH值）最低的后25名金银币名单 /162

附表8 2008~2017年国际官方铸币用金统计 /164

附表9 2008~2017年国内黄金市场主要用途及消费结构统计 /165

主要参考文献 /166

中国现代贵金属币市场分析 | 报告
2017
ANALYSIS REPORT

第一部分　数　据

第一章 2017年大盘运行状况

第一节 市场总体运行状况

2017年大盘是指中国人民银行1979～2017年发行的所有现代贵金属币的集合。

一、市场总体运行状况数据

市场总体运行状况数据主要包括供应总量、市场交易价格、市场交易活跃度和评价收藏投资价值的数据。

（一）供应总量和市场交易价格数据

截至2017年底，我国金币市场总体运行状况见表1-1。

表1-1　　　　　　　　2017年大盘市场运行状况统计

数据分类	2017年大盘	投资币	纪念币
项目数（个）	431	36	430
币种数（个）	2 220	225	1 995

续表

数据分类		2017年大盘	投资币	纪念币
枚数（万枚）	公告量	16 343.42	10 549.61	5 793.82
	实铸量	11 658.67	6 401.25	5 257.42
重量（万盎司）	公告量	14 054.29	7 872.86	6 181.43
	实铸量	10 397.90	4 842.93	5 554.97
实铸量价格指标（亿元）	零售价总值	1 003.70	493.81	509.89
	不变成本总值	683.71	430.00	253.71
	变动成本总值	1 032.57	666.55	366.02
	市场价总值	1 449.28	731.76	717.52
交易活跃度指标（币种数）	成交顺畅	1 080	225	855
	成交不畅	898	0	898
	成交困难	242	0	242
评价投资价值绝对指标	零售价/不变成本（L/BB）	1.468	1.148	2.010
	市场价/零售价（S/L）	1.444	1.482	1.407
	市场价/不变成本（S/BB）	2.120	1.702	2.828
	市场价/变动成本（S/BD）	1.404	1.098	1.960
评价投资价值相对指标（中位数）	CPI比较值（CBZ）	1.419	1.523	1.388
	存款利率比较值（LBZ）	0.971	0.902	0.979
	货币贬值系数比较值（HBZ）	0.750	0.761	0.748
	综合收藏投资价值指标（BH）	7.960	5.214	8.397

注：在熊猫币项目中既包括投资币也包括纪念币，在项目统计中进行了相应分解，因此项目总数不等于投资币项目数加纪念币项目数。

2017年我国共计发行431个项目，2 220个币种[①]。

铸造的总数量达11 658.67万枚（公告量16 343.42万枚），其中投资币占54.91%，纪念币占45.09%。

铸造的总重量是10 397.90万盎司[②]（公告量14 054.29万盎司），其中投资币占46.58%，纪念币占53.42%。

---

① 在"中国现代贵金属币信息分析系统©"中，将熊猫加字币作为单独纪念币项目统计。
② 1金衡盎司=31.1035克。

第一章 2017年大盘运行状况

2017年国家有关部门开始对"电子交易平台"进行清理整顿。到目前为止，绝大部分与邮币卡相关的交易场所已经停业整顿或退市。在以下的数据计算中将统一按线下交易价格计算2017年大盘的市场价总值。

根据以上原则计算，2017年大盘市场价总值达1 449.28亿元，与2016年相比增加29.41亿元。其中2017年大盘发行增量正向贡献82.11亿元，2017年大盘发行存量负向贡献52.70亿元。2017年与2016年相比总体上升2.07%。

2011～2017年，市场价总值的变化状况见图1-1，变化状况的内部结构见表1-2。

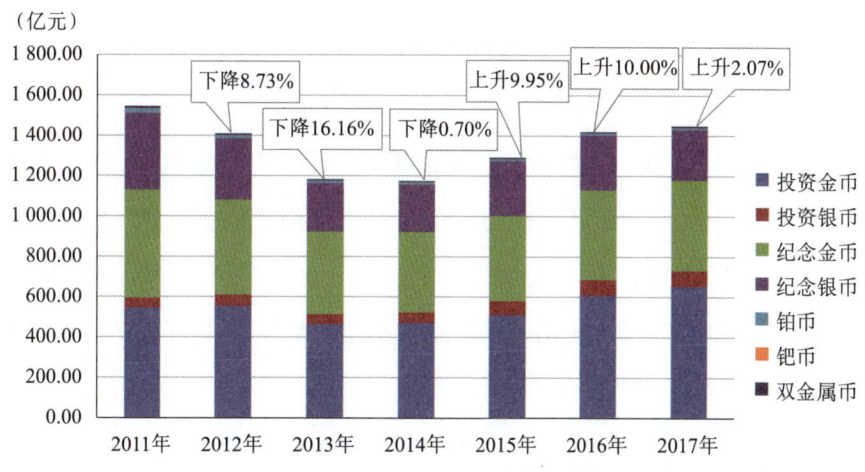

图1-1 2011～2017年市场价总值走势

表1-2　　　　　2011～2017年市场价总值内部结构变化统计　　　　　单位：亿元

统计指标	2011年	2012年	2013年	2014年	2015年	2016年	2017年	2017年与2016年相比变化幅度（%）
大盘总值	1 545.11	1 410.19	1 182.37	1 174.05	1 290.84	1 419.87	1 449.28	2.07
投资币	593.71	608.75	512.86	523.55	579.30	684.71	731.76	6.87
其中：金币	544.58	553.79	464.10	470.37	509.81	607.19	652.31	7.43

续表

统计指标	2011 年	2012 年	2013 年	2014 年	2015 年	2016 年	2017 年	2017 年与2016 年相比变化幅度（%）
银币	49.13	54.97	48.76	53.19	69.49	77.52	79.45	2.49
纪念币	951.40	801.44	669.51	650.50	711.54	735.16	717.52	-2.40
其中：金币	536.28	472.40	411.07	398.34	422.39	445.08	447.31	0.50
银币	382.31	304.81	240.19	235.52	272.66	274.24	252.83	-7.81
铂币	21.54	16.12	11.95	10.75	10.53	9.93	9.82	-1.11
钯币	1.03	0.88	0.70	0.67	0.71	0.76	0.79	4.38
双金属币	10.24	7.23	5.60	5.22	5.25	5.15	6.77	31.48

注：变化幅度的数据经表格原始数据计算而得。

如图 1-1 和表 1-2 所示，虽然 2012~2017 年每年都有发行增量，但 2017 年的市场价总值仍然低于 2011 年的市场价总值 95.83 亿元。其中特别值得关注的是，在包括发行增量、纪念币银币板块和铂币板块拉拽的情况下，2017 年纪念币板块的市场价总值仍低于 2016 年的相应数据。

（二）市场交易活跃度数据

市场交易活跃度是评价我国金币市场商品流动性的基本指标。

2017 年与 2016 年相比市场交易活跃度的变化状况见表 1-3。2017 年市场交易活跃度分布状况见图 1-2。

表 1-3　2017 年与 2016 年相比市场交易活跃度状态变化统计

统计指标	成交顺畅（%）	成交不畅（%）	成交困难（%）
2017 年大盘（2 220 个币种）	48.65	40.45	10.90
2016 年大盘（2 149 个币种）	43.93	42.22	13.85

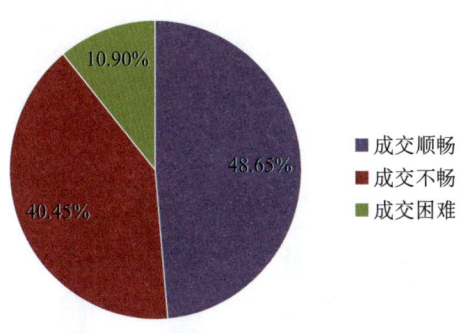

图 1-2　2017 年市场交易活跃度分布

如表 1-3 和图 1-2 所示,在网络交易加速发展的情况下,2017 年与 2016 年相比,"交易顺畅"的币种占比继续增加,而"交易不畅"和"交易困难"的币种占比同时下降。这组数据表明,网络交易的快速发展将对提高我国现代贵金属币的交易效率起到正向和积极作用。

(三) 评价收藏投资价值的数据

我国现代贵金属币的市场价值由有形价值和无形价值构成。其中,有形价值主要包括文化艺术价值和收藏投资价值。从定量分析角度出发,以下将主要展现 2017 年大盘收藏投资价值的变化状况。

评价收藏投资价值的指标由直接指标和相对指标组成。

1. 直接指标

在直接指标中,贵金属变动成本溢价率(S/BD 值,俗称料价比)是评价收藏投资价值的重要指标,是现代贵金属币文化收藏溢价的货币表现形式。S/BD 值一方面与项目题材、设计雕刻、币种质量等级、规格、材质、发行量、技术特征、品相、版别、号码和包装形式等多种货币溢价因素变量密切相关,另一方面也反映了贵金属价格变化对收藏投资价值的影响。

2011～2017 年贵金属变动成本溢价率(S/BD 值)的变化和内部结构见图 1-3 和表 1-4。

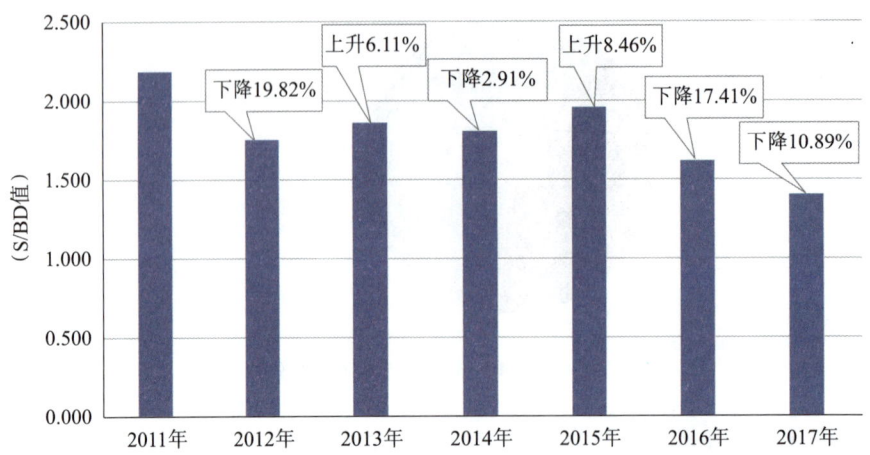

图1-3 2011~2017年贵金属变动成本溢价率（S/BD值）动态变化走势

表1-4 2011~2017年贵金属变动成本溢价率（S/BD值）内部结构及变化统计

统计指标	2011年	2012年	2013年	2014年	2015年	2016年	2017年	与2016年相比的变化幅度（%）
大盘总值	2.185	1.752	1.859	1.805	1.957	1.617	1.404	-13.19
投资币	1.404	1.252	1.307	1.294	1.405	1.231	1.098	-10.81
其中：金币	1.373	1.209	1.254	1.237	1.333	1.192	1.067	-10.46
银币	1.859	1.967	2.171	2.162	2.332	1.655	1.437	-13.21
纪念币	3.349	2.513	2.736	2.647	2.880	2.284	1.960	-14.16
其中：金币	2.646	1.980	2.186	2.057	2.136	1.736	1.511	-12.96
银币	5.099	4.099	4.662	4.978	5.999	4.495	3.901	-13.21
铂币	5.477	4.659	3.784	3.803	4.967	4.089	4.273	4.50
钯币	2.323	2.307	1.661	1.440	2.111	1.663	1.182	-28.91
双金属币	5.019	3.390	3.598	3.502	3.763	3.118	3.063	-1.77

注：变化幅度的数据经表格原始数据计算而得。

如图1-3和表1-4所示，2017年全年的贵金属加权均价除钯金价格大幅上涨之外，黄金、白银和铂的价格仅小幅波动，变化不大。但是由于整个金币市场继续处于弱市，市场交易价格普遍处于下行状态，因此2017年与2016年相比，除铂币的贵金属变动成本溢价率（S/BD值）录得上升外，其他统计口径均处于下降态势。其中纪念币和纪念币中的钯币的 S/BD 值下降幅度较大分别为 14.16% 和 28.91%。

以上数据说明，2017 年我国现代贵金属币的贵金属变动成本溢价率（S/BD 值）总体继续走弱。

2. 相对指标

在相对指标中，CBZ 值、LBZ 值和 HBZ 值是分别考察某一币种或板块的实际增值幅度是否跑赢 CPI、同期存款利率和货币贬值速度的重要指标。当 CBZ 值、LBZ 值和 HBZ 值大于 1 时，说明现代贵金属币的实际增值幅度分别跑赢了相应指标，反之说明没有跑赢相应指标。

2011~2017 年，上述三项相对指标的统计见表 1-5。

表 1-5　　2011~2017 年"评价收藏投资价值的三项相对指标"统计

统计指标	CBZ 值	LBZ 值	HBZ 值
2011 年	3.794	2.782	1.900
2012 年	2.781	2.029	1.323
2013 年	2.038	1.370	0.966
2014 年	1.759	1.169	0.849
2015 年	1.741	1.191	0.835
2016 年	1.616	1.088	0.804
2017 年	1.419	0.971	0.750
2017 年与 2016 年相比的变化幅度（%）	-12.24	-10.75	-6.73

众所周知，CPI、同期存款利率和货币贬值速度等宏观经济指标在一般情况下始终处于加大状态。要想实现 CBZ 值、LBZ 值和 HBZ 值大于 1 且不断提高，就必须实现市场交易价格的不断上涨。

如表 1-5 所示，由于整个金币市场仍处于调整之中，反映收藏投资价值的三项相对指标已经整体连续六年下降。在 2017 年中，其中除了 CBZ 值大于 1 之外，LBZ 值和 HBZ 值已经处于小于 1 的状态。这些数据表明在 2017 年大盘中，现代贵金属币的平均增值幅度除了跑赢 CPI 之外,没有跑赢同期存款利率和货币贬值速度。同时2017年与2016年相比,三项相对指标的下降幅度分别为12.24%、10.75%和6.73%。今后的发展变化值得关注。

在相对指标中,BH值是评价收藏投资价值的综合指标。它是CBZ值、LBZ值、HBZ值、GBZ－1值和GBZ－2值的算术值相加之和,一般用于比较现代贵金属币内部不同币种或板块之间的相对优劣,单独使用没有经济意义。

2011～2017年评价收藏投资价值综合指标（BH值）的走势变化见图1－4。

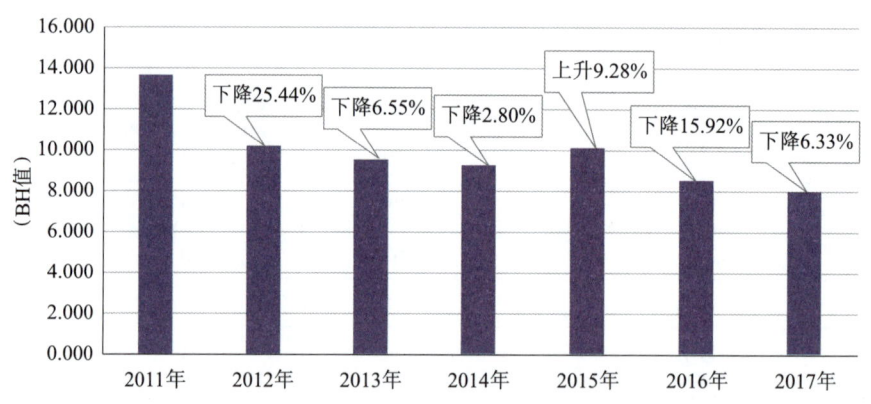

图1－4 2011～2017年评价收藏投资价值综合指标（BH值）走势

如图1－4所示,在2017年中我国现代贵金属币整体的BH值与2016年相比下降6.33%,已经连续二年震荡走弱,说明在多种因素共同作用下收藏投资价值又开始降低。

二、市场发展历史数据

市场发展历史数据主要包括1979～2017年发行的项目、币种重量规格、币种技术特征、2008～2017年投资币数量和重量、2008～2017年纪念币数量和重量等历史数据。

(一) 发行项目的统计数据

我国现代贵金属币发行项目的分类统计见附表1。

如附表1所示，在我国现代贵金属币的项目主题中"熊猫""中华文化及文明""历史事件"和"生肖"等板块仍是整个项目结构中最重要的组成部分。

(二) 发行币种重量规格的统计数据

我国现代贵金属币发行币种的重量规格统计见附表2，在我国已经发行的2 220种现代贵金属币中共计有43种重量规格，它们分别采用了国际金衡盎司、国家标准计量单位克和中国两三种重量计量单位。其中，在2017年增加了5克和"30克+12克"两种重量规格。在过去的历史发展中，采用国际金衡盎司为计量单位的币种共计1 592个，占币种发行总数的71.71%，目前仍是重量规格的主体。

(三) 发行币种技术特征的统计数据

我国现代贵金属币发行币种的技术特征统计见附表3，在我国已经发行的2 220种现代贵金属币中能够用普通视力观察到的不同技术特征共有24种。使用这些不同技术组合产生的币种就更加多样。如果再加上不同的喷砂和镜面技术，我国现代贵金属币的工艺技术表现形式可以构成一个非常丰富的技术家族。特别是近些年来新的技术还在不断发展，双金属、异形、镶嵌、幻彩、局部硫化、镀金、彩色移印等技术的应用又有了新突破。

(四) 投资币发行数量和重量的历史数据

我国现代贵金属币中投资币10年来发行数量和重量的统计分别见图1-5和图1-6。

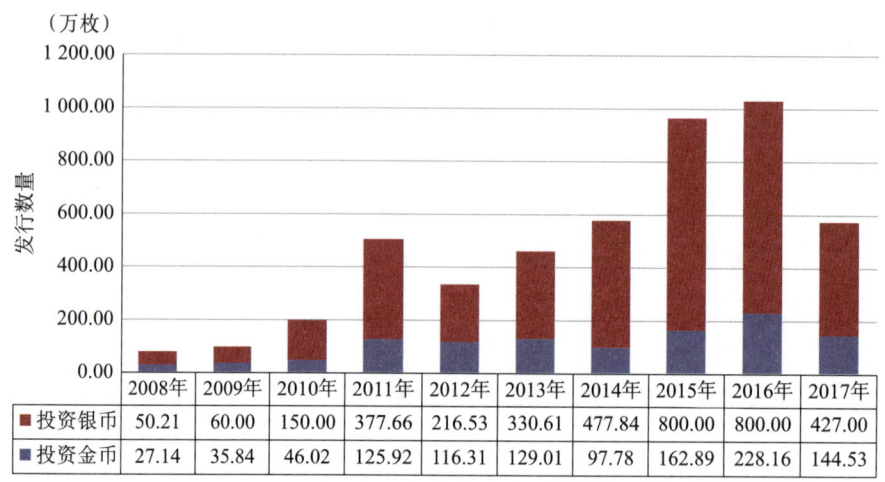

图1-5 2008~2017年投资币年度板块发行数量分布

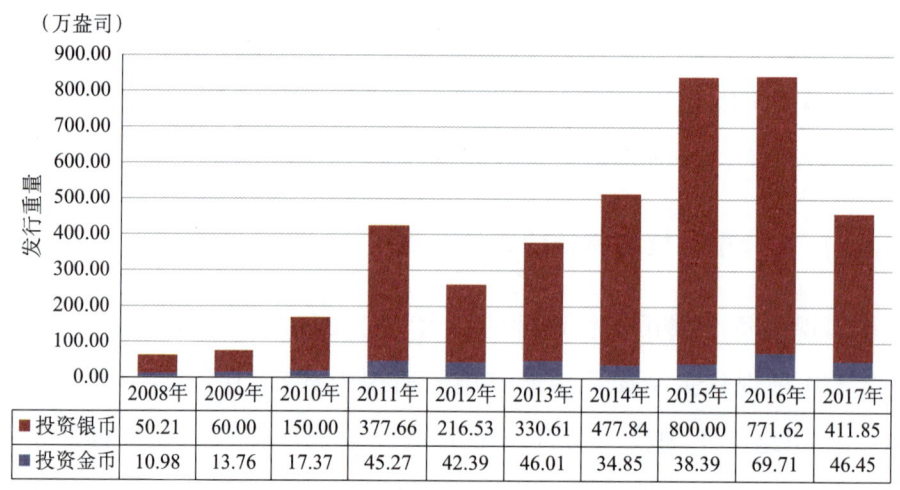

图1-6 2008~2017年投资币年度板块发行重量分布

如图1-5和图1-6所示,在2016年我国投资币的销售创造历史新高后,2017年没有延续这种发展态势,投资金币和投资银币的发行总数量和总重量都分别出现较大幅度下滑。这组数据表明,我国投资币的市场处于不稳定状态,其中的原因值得认真分析研究。

（五）纪念币发行数量和重量的历史数据

我国现代贵金属币中纪念币 10 年来发行数量和重量的统计分别见图 1-7 和图 1-8。

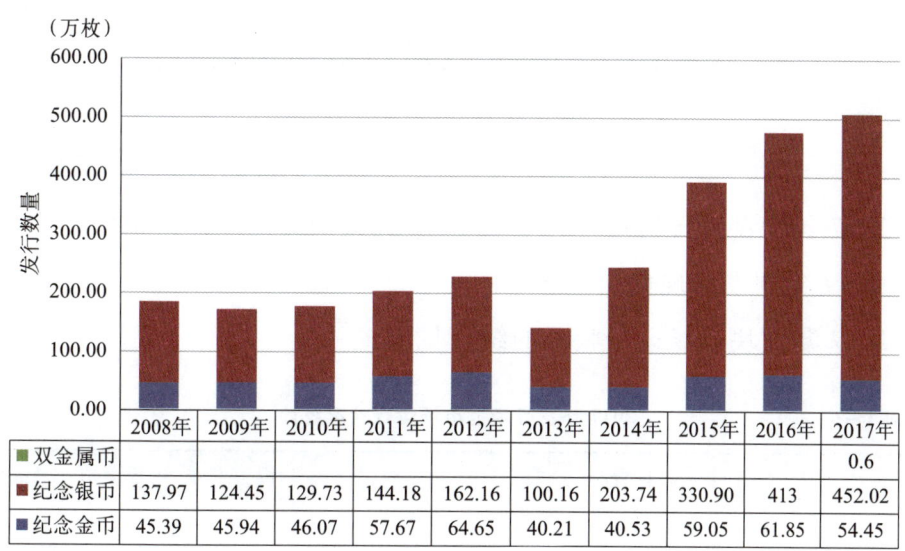

图 1-7　2008~2017 年纪念币年度板块发行数量分布

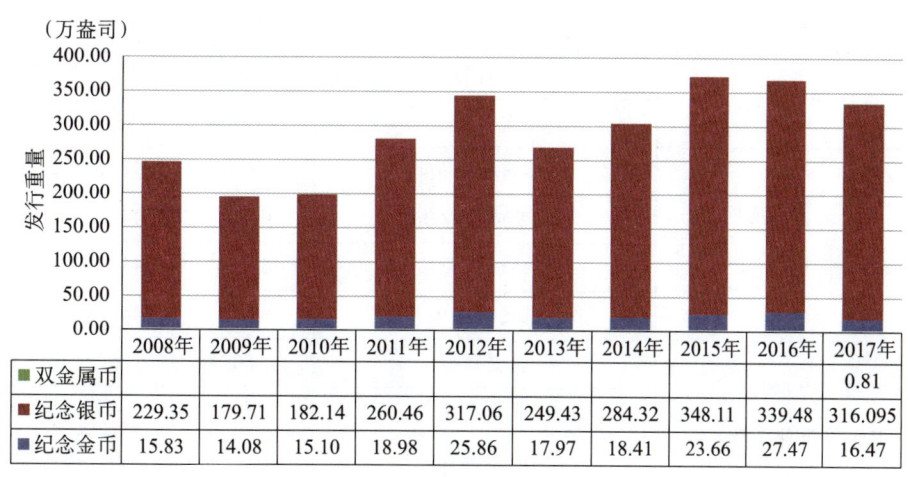

图 1-8　2008~2017 年纪念币年度板块发行重量分布

如图 1-7 和图 1-8 所示，目前我国金币市场处于深度调整之中，由于市场原因和国有专营企业对发行增量进行了适当调整，2017 年按重量计算的纪念币发行总规模有小幅下降[①]。

第二节 2017 年大盘发行增量运行状况

2017 年大盘发行增量（以下简称为 2017 年板块），特指中国人民银行在 2017 年中发行现代贵金属币的集合。

2017 年板块市场运行状况的统计见表 1-6。

表 1-6　　　　　　　2017 年发行增量市场运行状况统计

数据分类		2017 年板块	投资币	纪念币
项目数（个）		14	1	14
币种数（个）		71	6	65
枚数（万枚）	公告量	1 924.90	1 370.00	554.90
	实铸量	1 078.61	571.53	507.08
重量（万盎司）	公告量	1 518.91	1 087.34	431.58
	实铸量	791.68	458.30	333.37
实铸量价格指标（亿元）	零售价总值	90.30	51.20	39.11
	不变成本总值	62.94	44.71	18.24
	变动成本总值	63.04	43.79	19.26
	市场价总值	82.11	44.78	37.33
交易活跃度指标（币种个数）	成交顺畅	60	6	54
	成交不畅	10	0	10
	成交困难	1	0	1

---

① 投资币和纪念币 1979～2007 年的发行历史数据详见《中国现代贵金属币市场分析报告（2014）》。

续表

数据分类		2017年板块	投资币	纪念币
评价投资价值绝对指标	零售价/不变成本（L/BB）	1.435	1.145	2.145
	市场价/零售价（S/L）	0.909	0.875	0.955
	市场价/不变成本（S/BB）	1.304	1.002	2.047
	市场价/变动成本（S/BD）	1.302	1.023	1.938
评价投资价值相对指标（中位数）	CPI比较值（CBZ）	0.883	0.850	0.928
	存款利率比较值（LBZ）	0.884	0.851	0.929
	货币贬值系数比较值（HBZ）	0.886	0.853	0.931
	综合收藏投资价值指标（BH）	7.719	4.758	8.430

注：在熊猫币项目中既包括投资币也包括纪念币，在项目统计中进行了相应分解，因此项目总数不等于投资币项目数加纪念币项目数。

一、市场运行状况数据

市场运行状况数据包括发行的项目、币种、年度供应总量、市场交易价格、市场交易活跃度和评价收藏投资价值的数据。

（一）发行项目和币种数量数据

2017年我国现代贵金属币的发行项目及币种统计见表1-7。

表1-7　　　　　　　2017年发行项目及币种状况统计

统计指标	2017年计划（个）	2017年实际（个）	与2017年计划相比变化幅度（%）	2016年实际（个）	与2016年实际相比变化幅度（%）
项目数	10	14	40.00	15	-6.67
币种数	63	71	12.70	63	12.70
其中：金币	30	32	6.67	34	-5.88
银币	32	38	18.75	29	31.03
双金属币	1	1	0.00		

如表1-7所示，2017年计划发行10个项目，实际发行14个项目，与计划相比增加40%，2017年与2016年相比，减少发行1个项目，下降幅度为6.67%。

2017年计划发行63个币种，实际发行71个币种，与计划相比增加12.70%，2017年与2016年相比，增加发行8个币种，上升幅度为12.70%。其中，在"中国熊猫金币发行35周年金银纪念币"项目中发行的"30克金+12克银"双金属币，是时隔17年后双金属币再次现身金币市场。

（二）供应总量数据

反映市场的供应总量可以用供应的总数量、总重量和零售价总值度量。

1. 与公告量相比供应的总数量和总重量

2017年实际发行的总数量和总重量状况见表1-8和表1-9。

表1-8　　2017年实际发行状况（数量）与公告量相比的统计

统计指标		公告量（万枚）	实铸量（万枚）	与公告量相比变化幅度（%）
	总数	1 924.90	1 078.61	-43.97
投资币	投资币总量	1 370.00	571.53	-58.28
	投资金币	370.00	144.53	-60.94
	投资银币	1 000.00	427.00	-57.30
纪念币	纪念币总量	554.90	507.08	-8.62
	纪念金币	73.10	54.46	-25.50
	纪念银币	481.20	452.02	-6.06
	双金属币	0.60	0.60	0.00
纪念币细分板块	熊猫精制币总量	11.55	4.93	-57.30
	熊猫精制金币	3.55	0.91	-74.28
	熊猫精制银币	8.00	4.02	-49.77
	文化类纪念币总量	446.85	405.64	-9.22
	文化类纪念金币	56.35	40.34	-28.40
	文化类纪念银币	390.50	365.30	-6.45
	事件类纪念币总量	96.50	96.50	0.00
	事件类纪念金币	13.20	13.20	0.00
	事件类纪念银币	82.70	82.70	0.00
	事件类双金属币	0.60	0.60	0.00

注：表中数据由原始数据计算而得。

表1-9　　2017年实际发行（重量）与公告量相比的统计

统计指标		公告量（万盎司）	实铸量（万盎司）	与公告量相比变化幅度（%）
总数		1 518.91	791.68	-47.88
投资币	投资币总量	1 087.34	458.30	-57.85
	投资金币	122.82	46.45	-62.18
	投资银币	964.52	411.85	-57.30
纪念币	纪念币总量	431.58	333.37	-22.75
	纪念金币	25.18	16.47	-34.62
	纪念银币	405.58	316.10	-22.06
	双金属币	0.81	0.81	0.00
纪念币细分板块	熊猫精制币总量	103.69	45.60	-56.02
	熊猫精制金币	10.45	4.14	-60.40
	熊猫精制银币	93.24	41.46	-55.53
	文化类纪念币总量	256.54	216.42	-15.64
	文化类纪念金币	12.19	9.79	-19.73
	文化类纪念银币	244.35	206.63	-15.43
	事件类纪念币总量	71.35	71.35	0.00
	事件类纪念金币	2.54	2.54	0.00
	事件类纪念银币	68.00	68.00	0.00
	事件类双金属币	0.81	0.81	0.00

注：表中数据由原始数据计算而得。

如表1-8和表1-9所示，2017年我国实际发行现代贵金属币1 078.61万枚和791.68万盎司，与公告量相比分别减少43.97%和47.88%。

分析实际发行量与公告量相比大幅下降的内部结构，主要是投资币和熊猫精制币的下降幅度较大。另外，在文化类项目中，"吉祥文化金银纪念币"和"中国戊戌（狗）年金银纪念币"的实际发行量也有一定幅度下调。事件类项目足额发行。

通过以上数据可以看到：①由于投资币和熊猫精制币的发行模式属

于以需定产，实际发行量大幅下降反映了市场需求大幅萎缩。形成这种情况的原因值得深入研究。②面对弱势，文化类项目供应总量适度下调，反映了国有专营企业根据市场需求开始进行调控的积极信号，值得肯定。

2. 与 2016 年实际发行状况相比的总数量和总重量

供应总量 2017 年与 2016 年相比的总数量和总重量状况见表 1 – 10 和表 1 – 11。

表 1 – 10　　　　　实际发行数量 2017 年与 2016 年相比的统计

统计指标		2016 年实铸量（万枚）	2017 年实铸量（万枚）	与公告量相比变化幅度（%）
总数		1 503.01	1 078.61	-28.24
投资币	投资币总量	1 028.16	571.53	-44.41
	投资金币	228.16	144.53	-36.65
	投资银币	800.00	427.00	-46.63
纪念币	纪念币总量	474.85	507.08	6.79
	纪念金币	61.85	54.46	-11.95
	纪念银币	413.00	452.02	9.45
	双金属币		0.60	
纪念币细分板块	熊猫精制币总量	10.55	4.93	-53.25
	熊猫精制金币	3.55	0.91	-74.28
	熊猫精制银币	7.00	4.02	-42.59
	文化类纪念币总量	409.30	405.64	-0.89
	文化类纪念金币	43.80	40.34	-7.89
	文化类纪念银币	365.50	365.30	-0.05
	事件类纪念币总量	55.00	96.50	75.45
	事件类纪念金币	14.50	13.20	-8.97
	事件类纪念银币	40.50	82.70	104.20
	事件类双金属币		0.60	

注：变化幅度的数据经表格原始数据计算而得。

表 1-11　　实际发行状况（重量）2017 年与 2016 年相比的统计

统计指标		2016 年实铸量（万盎司）	2017 年实铸量（万盎司）	与公告量相比变化幅度（%）
	总数	1 208.27	791.68	-34.48
投资币	投资币总量	841.33	458.30	-45.53
	投资金币	69.71	46.45	-33.36
	投资银币	771.62	411.85	-46.63
纪念币	纪念币总量	366.95	333.37	-9.15
	纪念金币	27.47	16.47	-40.06
	纪念银币	339.48	316.10	-6.89
	双金属币		0.81	
纪念币细分板块	熊猫精制币总量	98.86	45.60	-53.87
	熊猫精制金币	10.45	4.14	-60.40
	熊猫精制银币	88.41	41.46	-53.10
	文化类纪念币总量	226.10	216.42	-4.28
	文化类纪念金币	13.61	9.79	-28.09
	文化类纪念银币	212.48	206.63	-2.75
	事件类纪念币总量	41.99	71.35	69.92
	事件类纪念金币	3.41	2.54	-25.47
	事件类纪念银币	38.58	68.00	76.25
	事件类双金属币		0.81	

注：变化幅度的数据经表格原始数据计算而得。

如表 1-10 和表 1-11 所示，我国现代贵金属币的发行状况 2017 年与 2016 年相比，总数量减少 28.24%，总重量减少 34.48%。

分析实际发行量与 2016 年相比大幅下降的内部结构，主要是投资币下降幅度较大。在纪念币方面，供应的总数量增加 6.79%，总重量减少 9.15%。在纪念币内部供应的总重量方面，事件类项目大幅增加 69.92%，其中金币减少 25.47%，银币增加 76.25%。另外，在纪念币内部供应的总重量方面，熊猫精制币大幅下降，文化类项目中的各种统计口径也有不同程度的下调。

通过以上数据可以看到：①2017年与2016年相比，市场供应的总数量和总重量均有一定幅度的减少。②投资币没有延续2016年大幅增长的态势，而是掉头下降了较大幅度。③在事件类项目方面，呈现大幅增长态势。④在纪念币内部，金币的下降幅度较大，银币呈现上升和下降互现的局面。⑤熊猫精制币的下降幅度较大。

3. 2011～2017年供应总量变化数据

2011～2017年供应总量变化趋势见图1-9和表1-12。

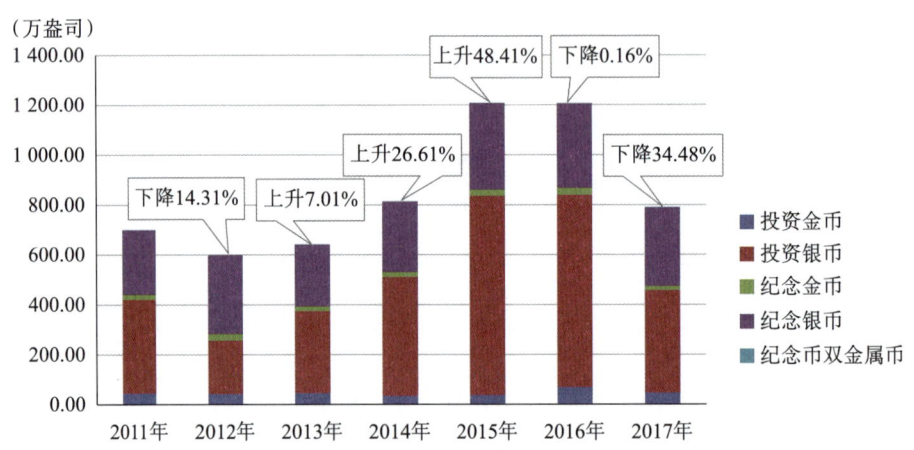

图1-9　2011～2017年实际发行重量走势

表1-12　　　　　　　2011～2017年发行重量统计

统计指标 （万盎司）	2011年	2012年	2013年	2014年	2015年	2016年	2017年	2017年与2016年相比的变化幅度（%）
总量	702.36	601.84	644.02	815.42	1 210.16	1 208.27	791.68	-34.48
投资金币	45.27	42.39	46.01	34.85	38.39	69.71	46.45	-33.36
投资银币	377.66	216.53	330.61	477.84	800.00	771.62	411.85	-46.63
纪念金币	18.98	25.86	17.97	18.41	23.66	27.47	16.47	-40.06
纪念银币	260.46	317.06	249.43	284.32	348.11	339.48	316.10	-6.89
纪念币双金属币							0.81	

注：变化幅度的数据经表格原始数据计算而得。

如图1-9和表1-12所示，我国现代贵金属币的年度供应总量（盎司）自2013年开始不断上涨后，2017年首次出现较大幅度下降，表明市场需求大幅下降。

4. 2011～2017年零售价总值变化数据

2011～2017年零售价总值变化趋势见图1-10和表1-13。

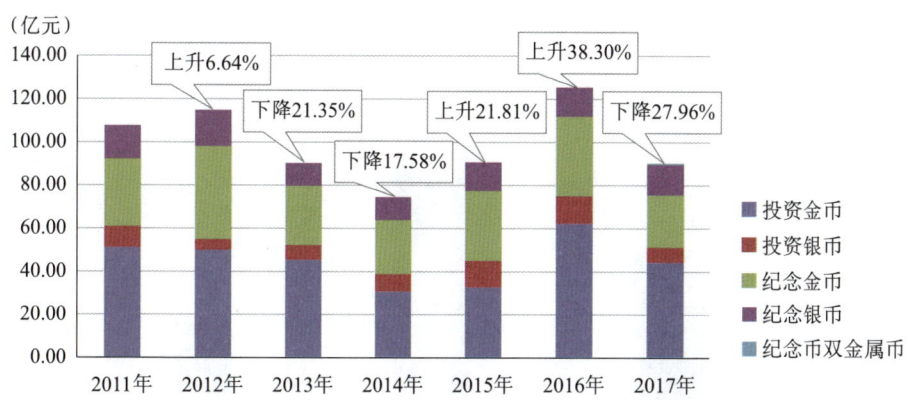

图1-10　2011～2017年零售价总值走势

表1-13　　　　　　　　2011～2017年零售价总值统计

统计指标	2011年	2012年	2013年	2014年	2015年	2016年	2017年	2017年与2016年相比的变化幅度（%）
总值（亿元）	107.65	114.80	90.29	74.41	90.64	125.36	90.30	-27.96
投资金币（亿元）	51.18	49.87	45.34	30.68	32.68	62.17	44.18	-28.93
投资银币（亿元）	9.71	5.02	6.78	8.18	12.20	12.69	7.01	-44.75
纪念金币（亿元）	31.33	43.10	27.47	24.90	32.38	37.00	24.07	-34.94
纪念银币（亿元）	15.43	16.80	10.70	10.66	13.39	13.50	14.22	5.39
纪念币双金属币（亿元）							0.81	

注：变化幅度的数据经表格原始数据计算而得。

市场的供应总量本质上应以资金形式度量。如图1-10和表1-13所示，2017年我国现代贵金属币零售价总值的年度供应总量出现较大幅度下降，已经略低于2015年的水平。这组数据说明，一方面市场需求出现萎缩，另一方面说明面对弱市国有专营企业也在下调实际的发行数量。

(三) 市场交易价格走势数据

1. 2017 年板块市场交易价格整体走势

2017 年板块市场交易价格整体走势见图 1-11。

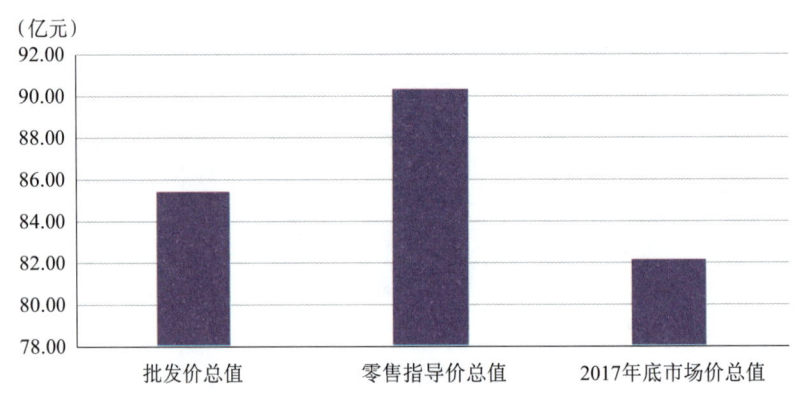

图 1-11　2017 年板块整体价格走势

如图 1-11 所示，2017 年板块批发价总值 85.37 亿元，零售指导价总值 90.30 亿元，年底市场价总值 82.11 亿元。年底市场价总值低于零售指导价总值 9.08%，低于批发价总值 3.82%。

面对弱市，市场价总值略低于零售价总值的情况在 2016 年就已经出现，但是市场价总值跌破批发价总值是多年没有出现过的情况，出现了市场交易价格整体走势的尴尬局面。数据表明，2017 年金币市场的需求处于大幅萎缩状态。这种价格走势信号应该引起管理层和国有专营企业的高度重视，认真分析形成这种局面的原因。

2. 2017 年纪念币价格走势

鉴于投资币的市场交易价格与贵金属的价格走势密切相关，在这里将主要统计纪念币的市场交易价格走势。2017 年板块纪念币市场交易价格的总体走势见图 1-12。

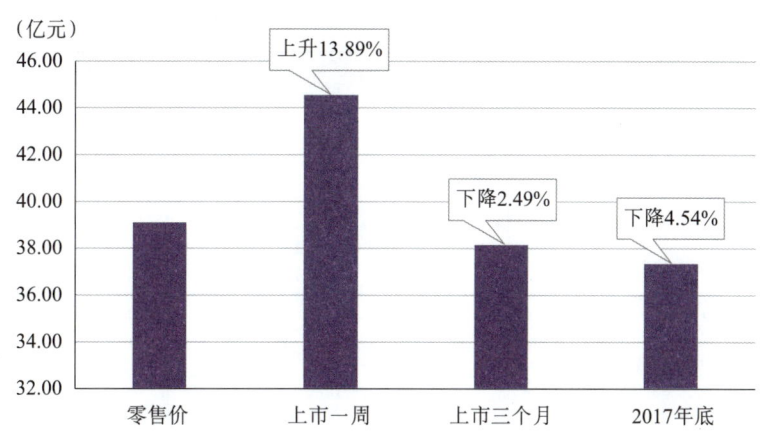

图 1-12 2017 年纪念币市场价格走势

如图 1-12 所示，在 2017 年板块中，与零售指导价相比，上市一周的市场交易价格仍为全年的最高点，平均高开 13.89%。上市三个月时市场交易价格明显走低，已经低于零售指导价总值 2.49%。到年底时市场交易价格继续走低，整体上低于零售指导价 4.54%。数据表明，我国金币市场新品上市时高开低走的市场惯性仍然延续。与往年不同的是 2017 年新品高开低走的速率加快，幅度增加。

3. 纪念币价格走势的内部结构

2017 年板块纪念币价格变化内部结构统计见表 1-14。

表 1-14 2017 年板块纪念币内部价格变化统计

统计指标		高于零售指导价币种数量	低于零售指导价币种数量	低于批发价币种数量	合计
纪念币整体（枚）		23	11	31	65
占比（%）		35.38	16.92	47.69	100.00
纪念综合	纪念金币（枚）	7	4	16	27
	占比（%）	25.93	14.81	59.26	100.00
	纪念银币（枚）	15	4	18	37
	占比（%）	40.54	10.81	48.65	100.00
	纪念双金属币（枚）	1			1
	占比（%）	100.00			100.00

续表

	统计指标	高于零售指导价币种数量	低于零售指导价币种数量	低于批发价币种数量	合计
按项目分析类	文化类项目金币（枚）	3	7	11	21
	占比（%）	14.29	33.33	52.38	100.00
	文化类项目银币（枚）	2	4	14	20
	占比（%）	10.00	20.00	70.00	100.00
	事件类项目金币（枚）	3	3	0	6
	占比（%）	50.00	50.00	0.00	100.00
	事件类项目银币（枚）	13	1	3	17
	占比（%）	76.47	5.88	17.65	100.00
按重量规格分类	特大规格纪念币（枚）	1			1
	占比（%）	100.00			100.00
	大规格纪念币（枚）	4		3	7
	占比（%）	57.14		42.86	100.00
	中等规格纪念币（枚）	1	2	10	13
	占比（%）	7.69	15.38	76.92	100.00
	一般规格纪念币（枚）	15	6	18	39
	占比（%）	38.46	15.38	46.15	100.00
	小规格纪念币（枚）	2		3	5
	占比（%）	40.00	0.00	60.00	100.00

注：变化幅度的数据经表格原始数据计算而得。

如表1-14所示：①尽管2017年板块纪念币市场交易价格的整体表现不佳，但在它们内部的表现却是优弱互现，其中高于零售指导价的币种占35.38%，低于零售指导价高于批发价的币种占16.92%，低于批发价的币种占47.69%。数据表明，尽管涨跌互现，但下跌的总能量大于上涨的总能量。②在项目主题分类中，事件类项目优于文化类项目。③在按重量规格的分类中，特大和中等规格纪念币表现较优，其他规格的纪念币表现不尽理想。④在2017年板块的纪念币中，市场价格涨幅最大的币种是"中国熊猫金币发行35周年金银纪念币"中的"30克+12克"

双金属币，与零售指导价相比，上涨幅度接近75%。⑤以上市场交易价格的分布状况是有成因的，值得分析研究。

（四）市场交易活跃度数据

2017年板块市场交易活跃度指标的状况见表1-15。

表1-15　　　　　　　　2017年板块市场交易活跃度统计

统计指标	成交顺畅	成交不畅	成交困难
整体状况	60	10	1
投资币	6	0	0
纪念币	54	10	1

如表1-15所示，由于属于新品上市，在2017年板块中市场交易活跃度指标整体表现较好，只有少部分币种的交易效率不佳。

（五）评价收藏投资价值的数据

评价收藏投资价值的指标将重点披露：贵金属变动成本溢价率（S/BD值，俗称料价比）、评价收藏投资价值的三项相对指标和综合指标BH值，对比的基础将主要以2017年大盘的平均数据为准。

2017年板块贵金属变动成本溢价率（S/BD值）的统计数据见表1-16。

表1-16　　　2017年板块贵金属变动成本溢价率（S/BD值）状况统计

统计指标	2017年板块	与2017年大盘相应统计口径的大盘均值	与2017年大盘均值相比的变化幅度（%）
2017年板块总值	1.30	1.40	-7.21
投资币	1.02	1.10	-6.85
其中：投资金币	1.01	1.07	-5.36
投资银币	1.30	1.44	-9.80
纪念币	1.94	1.96	-1.11
其中：纪念金币	1.50	1.51	-0.63
纪念银币	3.44	3.90	-11.70
双金属币	2.88	3.06	-5.88

注：变化幅度的数据经表格原始数据计算而得。

如表 1-16 所示，2017 年板块平均的 S/BD 值为 1.30，低于 2017 年大盘均值 7.21%。在 2017 年板块内部，各种分类统计口径的 S/BD 值均程度不同地低于 2017 年大盘相应板块的 S/BD 值。其中，投资币的 S/BD 值处于最低位置，凸显出市场交易价格与贵金属价格密切相关的投资属性。

2017 年板块评价收藏投资价值的三项相对指标和综合指标（BH 值）的汇总统计见表 1-17。

表 1-17　2017 年板块评价收藏投资价值指标和综合指标（BH 值）的汇总

统计指标	评价收藏投资价值的三项相对指标			评价收藏投资价值的综合指标（BH 值）		
	CBZ 值	LBZ 值	HBZ 值	2017 年板块	2017 年大盘均值	变化幅度（%）
2017 年板块总值	0.883	0.884	0.886	7.719	7.960	-3.03
投资币	0.850	0.851	0.853	4.758	5.214	-8.75
其中：投资金币	0.846	0.847	0.849	4.695	4.752	-1.20
投资银币	0.857	0.858	0.860	5.271	9.804	-46.24
纪念币	0.928	0.929	0.931	8.430	8.397	0.39
其中：纪念金币	0.937	0.938	0.940	6.172	5.581	10.61
纪念银币	0.873	0.874	0.875	10.757	11.050	-2.65
双金属币	1.714	1.716	1.719	10.995	8.794	25.03

注：变化幅度的数据经表格原始数据计算而得。

在表 1-17 中人们可以震惊地看到，除了双金属币之外，2017 年板块内其他统计口径评价收藏投资价值的三项相对指标均小于 1。此数据表明，在 2017 年板块内，绝大部分币种的增值幅度没有跑赢 CPI、存款利率和货币贬值速度。通过这组数据是否可以解释 2017 年市场预期负面和入市资金减弱的重要原因，值得分析研究。

在综合指标（BH 值）方面，如表 1-17 所示，2017 年板块的综合指标（BH 值）低于 2017 年大盘均值 3.03%，其中表现最佳的是"中国熊猫金币发行 35 周年金银纪念币"中的"30 克+12 克"双金属币。数据表明，2017 年板块整体的收藏投资价值弱于 2017 年大盘。

二、一级市场销售渠道及利益分配数据

在我国的金币市场中参与一级市场经营的企业大致可分为直属机构、金融机构、其他商业机构、指定机构、特许经销体系和海外机构。

一级市场销售渠道及利益分配数据主要包括：按零售指导价格计算的销售渠道内部结构数据，按零售指导价减贵金属不变成本计算的价差分布，以及阳光工程执行情况等数据。

（一）按零售指导价计算的销售渠道内部结构数据

2017年板块按零售指导价总值计算的销售渠道结构分布分别见图1-13和表1-18。

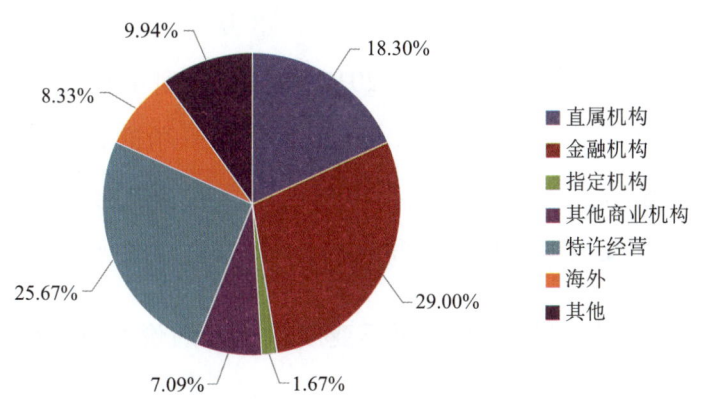

图1-13 2017年板块一级市场销售渠道内部机构分布

如图1-13和表1-18所示，根据改革发展需要，2017年我国现代贵金属币的销售渠道继续发生新的变化：①从总体分布结构看，金融机构和国有专营企业的直销体系已经占据销售量的半壁江山，达到47.30%。特许经销体系的销售量逐步减弱，占25.67%。海外机构的销量逐年下降，目前仅为8.33%。②从投资金币看，金融机构和其他商业机构的销售总量已达到47.02%。需要指出的是，目前虽然没有具体的数

表 1-18　　2017 年板块一级市场销售渠道内部结构统计

统计指标		直属机构（%）	金融机构（%）	指定机构（%）	其他商业机构（%）	特许经营（%）	海外（%）	其他（%）	合计（%）
按零售指导价分类	总体	18.30	29.00	1.67	7.09	25.67	8.33	9.94	100.00
	投资币	1.55	33.25	0.00	12.25	28.88	9.09	14.98	100.00
	投资金币	1.72	35.44	0.00	11.58	29.05	8.29	13.92	100.00
	投资银币	0.52	19.45	0.00	16.48	27.75	14.12	21.67	100.00
	纪念币	40.22	23.43	3.85	0.34	21.47	7.34	3.35	100.00
	纪念金币	41.83	22.73	2.48	0.37	20.70	7.60	4.29	100.00
	纪念银币	35.12	25.96	6.39	0.31	23.41	6.86	1.94	100.00

注："其他"主要是指在熊猫币中已经铸造但在 2017 年前尚未实现销售的数量。

据支持，实际上在特许经销体系内有一部分销量也是通过金融机构实现的。在投资银币方面，目前仍是特许经销体系占据相对较大份额，如何进一步发挥金融机构的作用，值得期待。③从纪念币看，最突出的动向是直属机构的直销比例逐年扩大，2017 年已经达到 40% 左右。

根据形势发展需要，我国金币市场中一级市场的销售结构正面临重要的改革和调整节点。如何使金币市场中一级市场的零售体系更加有利于广大收藏投资及消费群体，值得期待。

（二）按零售指导价减贵金属不变成本计算的价差结构分布数据

零售指导价减贵金属不变成本形成的价差是观察我国金币市场中一级市场利益分布格局的重要切入点。众所周知，在价差指标中经营成本是最重要的组成部分之一，但由于各个经营主体的实际经营成本无法准确获知，因此从各个经营主体社会平均成本付出的角度出发，零售指导价减贵金属不变成本形成的价差结构分布还是可以从一个侧面反映出一级市场的利益分配格局。

2017 年板块按零售指导价减贵金属不变成本计算的价差分布结构数据见图 1-14 和表 1-19。

第一章 2017年大盘运行状况

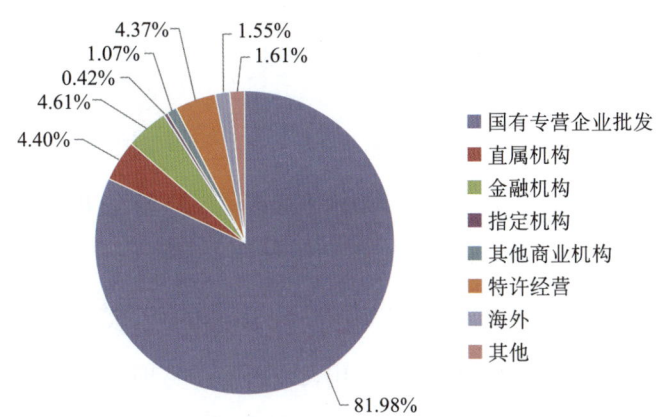

图1-14 2017年板块按零售指导价减贵金属不变成本计算的价差分布结构

表1-19　　2017年板块按零售指导价减贵金属不变成本计算的价差分布结构统计

统计指标	国有专营企业批发（%）	直属机构（%）	金融机构（%）	指定机构（%）	其他商业机构（%）	特许经营（%）	海外（%）	其他（%）	合计（%）
总数	81.98	4.40	4.61	0.42	1.07	4.37	1.55	1.61	100.00
投资币	66.12	0.50	10.18	0.00	4.37	9.68	3.59	5.56	100.00
投资金币	65.89	0.64	11.73	0.00	3.90	9.86	3.12	4.86	100.00
投资银币	66.67	0.17	6.48	0.00	5.49	9.25	4.71	7.22	100.00
纪念币	86.91	5.61	2.88	0.55	0.04	2.71	0.92	0.38	100.00
纪念金币	85.81	6.84	2.80	0.28	0.04	2.65	1.00	0.58	100.00
纪念银币	87.99	4.26	3.04	0.82	0.03	2.82	0.85	0.20	100.00

注：图1-14和表1-19中计算合计100%是精确计算的结果，没有考虑四舍五入后的微小差异。

如图1-14和表1-19所示：①在2017年板块全部价差总值中国有专营企业获得81.98%的价差权益，直属机构获得4.40%，剩余的其他经营主体共计获得13.62%的价差权益。与2016年相比，以上数据有向国有专营企业方向进一步加大的趋势。②在投资币方面，国有专营企业的价差权益为66.12%，剩余其他经营主体的价差权益为33.88%。③在纪念币方面，国有专营企业的价差权益为86.91%，剩余其他经营主体的价差权益为13.09%。④投资币与纪念币的对比，投资币的价差权益分布明显优于纪念币。⑤形成目前差价结构的成因和优劣值得认真思考。

(三) 阳光工程执行情况

阳光工程是保证我国金币市场实施"三公原则"的重要基础制度和前提。由于熊猫币实行以销定产原则，以下将主要分析在纪念币中阳光工程的实施情况。

根据中国人民银行要求，在2017年板块的纪念币中除"中国戊戌（狗）年金银纪念币"的10公斤金币之外，其他项目已经开始通过中国金币官方网站在发行日向社会全面公布销售渠道。社会公众可以通过公布的销售渠道查询到所有项目实际铸造数量的分配情况。按阳光工程计算的有关币种的实际铸造状况见附表4。

尽管近些年我国金币市场在实施阳光工程过程中的质量不断提高，但是从更高的标准出发，仍存在需要不断改进之处。例如：熊猫币的实铸量何时开始向社会公开；有极个别纪念币品种的实铸量和分配情况尚未公布；在金融机构的大框架下，各个细分机构的分配数量还需细化。完全彻底实施阳光工程始终在路上。

第三节 2017年大盘发行存量运行状况

2017年大盘发行存量（以下简称2016年大盘），特指中国人民银行1979～2016年发行现代贵金属币的集合。

2017年大盘市场运行状况的统计见表1-20。

表1-20　　　2017年大盘发行存量市场运行状况统计

数据分类	2016年大盘	投资币	纪念币
项目数（个）	417	35	416
币种数（个）	2 149	219	1 930

续表

数据分类		2016年大盘	投资币	纪念币
枚数（万枚）	公告量	14 418.52	9 179.61	5 238.92
	实铸量	10 580.06	5 829.72	4 750.34
重量（万盎司）	公告量	12 535.38	6 785.52	5 749.86
	实铸量	9 606.22	4 384.62	5 221.60
实铸量价格指标（亿元）	零售价总值	913.40	442.62	470.78
	不变成本总值	620.76	385.29	235.48
	变动成本总值	969.52	622.76	346.76
	市场价总值	1 367.17	686.98	680.19
交易活跃度指标（币种个数）	成交顺畅	1 020	219	801
	成交不畅	888	0	888
	成交困难	241	0	241
评价投资价值绝对指标	零售价/不变成本（L/BB）	1.471	1.149	1.999
	市场价/零售价（S/L）	1.497	1.552	1.445
	市场价/不变成本（S/BB）	2.202	1.783	2.889
	市场价/变动成本（S/BD）	1.410	1.103	1.962
评价投资价值相对指标（中位数）	CPI比较值（CBZ）	1.464	1.545	1.442
	存款利率比较值（LBZ）	0.984	0.922	0.989
	货币贬值系数比较值（HBZ）	0.730	0.741	0.728
	综合收藏投资价值指标（BH）	7.996	5.263	8.397

注：在熊猫币项目中既包括投资币也包括纪念币，在项目统计中进行了相应分解，因此项目总数不等于投资币项目数加纪念项目数。

一、市场运行状况数据

市场运行状况数据主要包括交易价格走势、市场交易活跃度、评判收藏投资价值的数据。

（一）交易价格走势数据

2016 年大盘市场交易价格走势见图 1-15 和表 1-21。

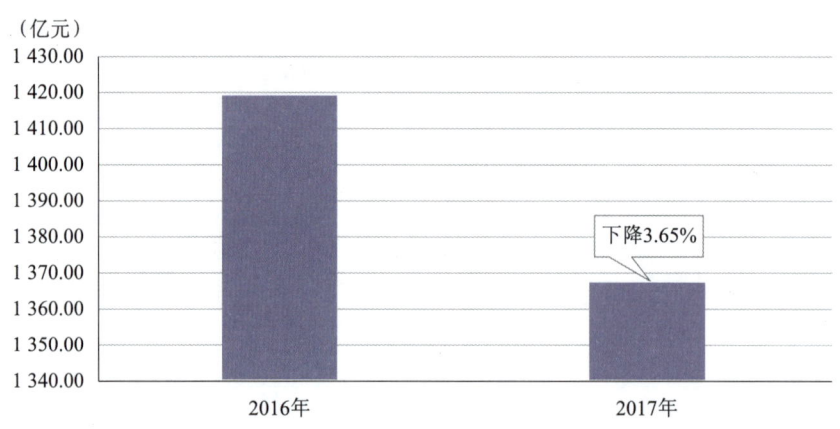

图 1-15　2017 年大盘发行存量市场价总值变化示意图

表 1-21　　　　　　　　2016 年大盘市场价总值变化统计　　　　　　　单位：亿元

统计指标	2016 年底	2017 年底	2017 年与 2016 年相比的变化幅度（％）
2017 年大盘	1 418.92	1 367.17	-3.65
投资币	684.71	686.98	0.33
纪念币	734.21	680.19	-7.36

注：变化幅度的数据经表格原始数据计算而得。

如图 1-15 所示，截止到 2017 年底，2016 年大盘的市场总值 1 367.17 亿元，与 2016 年相比下降 3.65％。实际上在 2016 年时，整个大盘似乎已有微弱的企稳迹象，但是进入 2017 年后，整体市场的交易价格又一次掉头向下，最终呈现继续下行的态势。

如表 1-21 所示，简单分析 2016 年大盘走势的内部结构，投资币微幅上涨 0.33％，这与 2017 年黄金加权均价微幅上涨相对应，但是纪念币的下跌幅度达到 7.36％，对 2016 年大盘产生了较大的下拽。

我国金币市场的这次深度调整是从 2011 年开始的，扣除相应发行增量后，2011~2017 年市场交易价格总值的走势见图 1-16 和表 1-22。

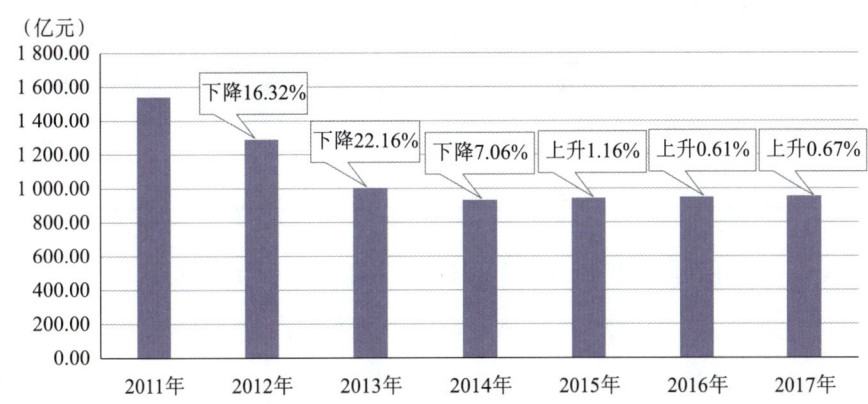

图 1-16　2011~2017 年市场调整后扣除相应增量后的市场价变化走势

表 1-22　2011~2017 年市场调整后扣除相应发行增量的市场价总值变化统计　单位：亿元

统计指标	2011 年	2012 年	2013 年	2014 年	2015 年	2016 年	2017 年	2017 年与 2016 年相比的变化幅度（%）
2011 年大盘	1 542.81	1 291.09	1 004.99	934.04	944.91	950.72	957.08	0.67
投资币	593.71	555.99	428.82	408.15	419.60	452.08	461.13	2.00
纪念币	949.10	735.10	576.17	525.89	525.31	498.64	495.96	-0.54

注：变化幅度的数据经表格原始数据计算而得。

如图 1-16 所示，随着我国金币市场 2011 年第四季度开始出现的深度调整，2011 年大盘①在 2012~2014 年连续大幅下行，但是从 2015 年起开始止跌企稳，并出现极其微弱的反弹走势，2017 年与 2016 年相比，交易价格走势继续微升 0.67%。数据表明，目前 2011 年大盘正在筑底，但止跌企稳的态势仍然比较脆弱。纵观整体走势，2017 年与 2011 年同比市场价总值仍然下跌 37.96%。

如表 1-22 所示，从 2011 年大盘走势的内部结构看在 2017 年中投资币是带动大盘上涨的主要动力，而纪念币仍然微弱下跌。

（二）市场交易活跃度数据

2016 年大盘交易活跃度指标及变化统计见表 1-23。

---

① 2011 年大盘特指 1979~2011 年我国现代贵金属币的发行项目集合。

表 1-23   2016 年大盘交易活跃度指标变化统计

统计指标	成交顺畅（%）	成交不畅（%）	成交困难（%）
2016 年	39.21	45.00	15.52
2017 年	49.59	39.43	10.98

如表 1-23 所示，2017 年与 2016 年相比，2016 年大盘的交易活跃度也发生了明显变化，其中"成交顺畅"币种的占比大幅上升，"成交不畅"和"成交困难"币种的占比下降幅度较大。这些数据是否表明随着网络交易的快速发展，已经开始对提高我国金币市场的交易效率发生一定影响，值得分析研究。

（三）评价收藏投资价值的数据

评价收藏投资价值的指标将重点披露：贵金属变动成本溢价率（S/BD 值，俗称料价比）、CBZ 值、LBZ 值、HBZ 值三项相对指标和评价收藏投资价值的综合指标 BH 值。

1. 直接指标

2016 年大盘贵金属变动成本溢价率（S/BD 值）的统计数据见表 1-24。

表 1-24   2016 年大盘贵金属变动成本溢价率（S/BD 值）变化统计

统计指标	2017 年	2016 年	变化幅度（%）
2016 年大盘	1.410	1.616	-12.73
投资币	1.103	1.231	-10.38
纪念币	1.962	2.281	-14.02

注：变化幅度的数据经表格原始数据计算而得。

如表 1-24 所示，在 2017 年中 2016 年大盘的 S/BD 值为 1.410，与 2016 年相比下降 12.73%。与此同时在 2016 年大盘内部各主要板块的 S/BD 值与 2016 年相比也都有不同程度的下降。此数据表明，在 2017 年中由于受到主要贵金属价格微幅变化影响，以及很多币种的交易价格上涨幅度不大甚至不升反降等因素的共同作用，贵金属变动成本溢价率（S/BD 值）继续出现了负向变化。

扣除相应发行增量，六年来 2011 年大盘贵金属变动成本溢价率（S/BD 值）的统计数据见表 1-25。

表 1-25　　2011 年大盘贵金属变动成本溢价率（S/BD 值）变化统计

统计指标	2011 年大盘	投资币	纪念币
2017 年	1.708	1.346	2.279
2016 年	1.663	1.281	2.278
2015 年	2.063	1.486	2.992
2014 年	1.897	1.351	2.766
2013 年	1.931	1.353	2.834
2012 年	1.789	1.273	2.579
2011 年	2.182	1.404	3.342

如表 1-25 所示，2017 年与 2016 年相比，2011 年大盘的贵金属变动成本溢价率（S/BD 值）上升 2.73%，投资币和纪念币 S/BD 值都也都有幅度不同的上涨。

2. 相对指标

2016 年大盘评价收藏投资价值的三项相对指标和综合指标（BH 值）的汇总统计见表 1-26。

表 1-26　　2016 年大盘评价收藏投资价值的三项相对指标和综合指标（BH）值汇总统计

统计指标	CBZ 值		LBZ 值		HBZ 值		BH 值	
	2017 年	2016 年	2017 年	2016 年	2017 年	2016 年	2017 年	2016 年
2016 年大盘	1.506	1.702	1.013	1.101	0.726	0.793	8.106	8.604
投资币	1.561	1.754	0.944	0.967	0.719	0.706	5.561	5.497
纪念币	1.482	1.698	1.018	1.123	0.727	0.801	8.498	9.461

注：变化幅度的数据经表格原始计算而得。

如表 1-26 所示，2017 年与 2016 年相比，2016 年大盘评价收藏投资价值的三项相对指标均有程度不同的下滑，其中的 HBZ 值全部处于小于 1 的状态，说明它们均没有跑赢货币贬值速度。与此同时，2017 年与 2016 年相比，BH 值下降 5.79%，说明收藏投资价值总体减弱。

扣除相应的发行增量，六年来 2011 年大盘评价收藏投资价值的三项相对指标和综合指标（BH 值）的汇总统计见表 1-27。

表 1-27　六年来 2011 年大盘评价收藏投资价值的三项相对指标和综合指数（BH 值）汇总统计

统计指标	时间	大盘均值	投资币	纪念币
CBZ	2017 年	1.716	1.704	1.722
	2016 年	1.896	1.830	1.927
	2015 年	1.987	1.789	2.051
	2014 年	1.984	1.730	2.063
	2013 年	2.245	1.802	2.351
	2012 年	2.915	2.452	3.037
	2011 年	3.794	2.607	4.124
LBZ	2017 年	1.164	1.182	1.163
	2016 年	1.188	1.178	1.190
	2015 年	1.286	1.065	1.341
	2014 年	1.280	1.058	1.335
	2013 年	1.443	1.165	1.538
	2012 年	2.112	1.760	2.225
	2011 年	2.782	1.853	3.053
HBZ	2017 年	0.744	0.719	0.751
	2016 年	0.772	0.714	0.782
	2015 年	0.826	0.703	0.849
	2014 年	0.855	0.760	0.875
	2013 年	0.996	0.841	1.037
	2012 年	1.358	1.120	1.399
	2011 年	1.900	1.263	2.080
BH	2017 年	8.643	6.215	9.152
	2016 年	8.644	5.820	9.305
	2015 年	10.548	5.759	11.693
	2014 年	9.477	5.734	10.301
	2013 年	9.652	5.857	10.514
	2012 年	10.286	6.933	11.114
	2011 年	13.655	7.372	14.898

如表 1-27 所示，在评价收藏投资价值的三项相对指标中，由于多种原因共同作用，2017 年与 2016 年相比的内部结构比较复杂。其中的共同规律是，2016 年大盘在各个年度的 CBZ 值、LBZ 值都大于 1，说明它们的平均增值幅度跑赢了 CPI 和存款利率，但是 2017 年的 HBZ 值小于 1，说明它们的平均增值幅度没有跑赢货币贬值速度。在综合指标（BH 值）方面，2017 年与 2016 年相比，2016 年大盘的 BH 值总体持平，其内部表现出不同的变动方向。

综合上述评价收藏投资价值的指标，对于收藏投资来说 HBZ 值是更重要的考核指标，目前这个指标反映的我国现代贵金属币的收藏投资状况值得关注。

二、纪念币中典型板块数据

在我国的现代贵金属币中，由于投资币与贵金属价格变化的关联性较高，以下将主要披露纪念币中典型板块的数据。

这些典型板块主要包括时间进程板块、项目主题板块、不同贵金属材质板块、不同重量规格板块。2017 年，民间举办了我国现代贵金属币文化艺术价值的问卷调查活动。在以下数据中还将包括各种分类板块的文化艺术价值平均得分。

（一）时间进程板块

根据市场实际情况，将 1979~2016 年分为了 4 个时间区间，这些区间的数据统计见表 1-28。

表 1-28　　　　2016 年大盘纪念币时间区间板块数据统计

时间区间	1979~1999 年	2000~2005 年	2006~2011 年	2012~2016 年
币种数（个）	1 098	248	314	270
枚数（万枚）	1 465.415	655.185	1 153.490	1 476.251

续表

	时间区间	1979~1999年	2000~2005年	2006~2011年	2012~2016年
	重量（万盎司）	1 368.665	883.034	1 318.128	1 651.772
2016大盘	2017年市值（亿元）	247.961	107.229	140.768	184.228
	2016年市值（亿元）	257.672	117.152	153.766	205.617
	2017年与2016年相比的变化幅度（%）	-3.77	-8.47	-8.45	-10.40
评价投资价值绝对指标（S/BD值）	2017年	2.939	2.529	1.550	1.426
	2016年	3.136	2.826	1.783	1.837
评价投资价值相对指标（BH值）	2017年	10.609	8.849	5.897	5.628
文化艺术价值评价得分	总分	28.219	28.297	26.667	26.065

如表1-28所示，在各个时间区间内，2017年与2016年相比，2016年大盘的各项评价指标均呈现下降态势，同时随着时间进程的推进，下降幅度不断加大。数据说明，2012~2016年发行的币种对2016年大盘的下跌起到重要作用。

（二）项目主题板块

在项目主题板块中，一方面有"中国现代贵金属币信息分析系统"定义的项目主题一级分类的九大板块，另一方面又增加了佛教、古科、麒麟、青铜器、中国画、古代文学名著和戏曲艺术等板块。这些板块的数据见表1-29，按照不同指标的排序见表1-30。

表 1-29　　　　　　　　　　　项目主题板块主要数据统计

统计指标	2016 大盘			评价投资价值绝对指标（S/BD 值）		评价投资价值相对指标（BH 值）	文化艺术价值评价得分（分）
	2017 年市值（亿元）	2016 年市值（亿元）	2017 年与 2016 年相比的变化幅度（%）	2017 年	2016 年	2017 年	总分
纪念币——熊猫	126.333	130.828	-3.44	1.299	1.519	5.876	26.090
纪念币——生肖	207.802	234.800	-11.50	2.305	2.738	10.967	28.314
纪念币——事件	69.657	75.183	-7.35	1.589	1.834	6.824	27.108
纪念币——人物	29.341	30.610	-4.15	3.508	3.638	9.312	27.331
纪念币——文化	153.604	166.324	-7.65	2.784	3.236	10.967	29.043
纪念币——体育	33.690	34.781	-3.14	1.368	1.476	5.338	26.220
纪念币——风景	43.710	45.828	-4.62	1.818	2.059	6.347	28.137
纪念币——动物	3.697	3.889	-4.92	2.272	2.420	7.378	26.383
纪念币——其他	12.353	11.962	3.27	7.244	6.840	11.699	26.612
纪念币——佛教	60.166	63.570	-5.35	2.585	2.803	11.744	29.298
纪念币——古科	8.286	8.962	-7.54	6.252	6.965	14.469	29.932
纪念币——麒麟	6.424	6.600	-2.67	3.059	3.166	10.407	28.664
纪念币——青铜器	8.325	8.909	-6.55	1.741	1.935	10.996	28.276
纪念币——中国画	17.298	18.174	-4.82	5.480	6.052	25.287	29.965
纪念币——名著	26.390	28.671	-7.96	2.401	2.668	9.543	29.255
纪念币——戏曲	12.654	13.990	-9.55	2.448	2.731	8.232	28.866

注：变化幅度的数据经表格原始数据计算而得。

表 1-30　　　　　　　　　　　项目主题分类排序统计

按价格涨跌幅度排序		按料价比（S/BD 值）排序		按投资价值指标（BH 值）排序		按文化艺术价值评价得分排序（分）	
项目分类	数据（%）	项目分类	数据	项目分类	数据	项目分类	数据
其他	3.27	其他	7.24	中国画	25.287	中国画	29.965
麒麟	-2.67	古科	6.25	古科	14.469	古科	29.932
体育	-3.14	中国画	5.48	佛教	11.744	佛教	29.298
熊猫	-3.44	人物	3.51	其他	11.699	名著	29.255
人物	-4.15	麒麟	3.06	青铜器	10.996	文化	29.043
风景	-4.62	文化	2.78	生肖	10.967	戏曲	28.866
中国画	-4.82	佛教	2.58	文化	10.967	麒麟	28.664

续表

按价格涨跌幅度排序		按料价比（S/BD值）排序		按投资价值指标（BH值）排序		按文化艺术价值评价得分排序（分）	
项目分类	数据（%）	项目分类	数据	项目分类	数据	项目分类	数据
动物	-4.92	戏曲	2.45	麒麟	10.407	生肖	28.314
佛教	-5.35	名著	2.40	名著	9.543	青铜器	28.276
青铜器	-6.55	生肖	2.30	人物	9.312	风景	28.137
事件	-7.35	动物	2.27	戏曲	8.232	人物	27.331
古科	-7.54	风景	1.82	动物	7.378	事件	27.108
文化	-7.65	青铜器	1.74	事件	6.824	其他	26.612
名著	-7.96	事件	1.59	风景	6.347	动物	26.383
戏曲	-9.55	体育	1.37	熊猫	5.876	体育	26.220
生肖	-11.50	熊猫	1.30	体育	5.338	熊猫	26.090

如表1-29和表1-30所示，在不同的评价指标中，这些项目主题的排序处于不同的先后顺序。但从总的情况观察，中国画、古科、佛教、青铜器和麒麟等文化类项目排在前位，而体育和熊猫项目排在后位。

（三）不同贵金属材质板块

不同贵金属材质板块的数据见表1-31。

表1-31　　　　不同贵金属材质板块数据统计

统计指标	2016大盘			评价投资价值绝对指标（S/BD值）		评价投资价值相对指标（BH值）
	2017年市值（亿元）	2016年市值（亿元）	2017年与2016年相比的变化幅度（%）	2017年	2016年	2017年
纪念金币	425.112	444.130	-4.28	1.512	1.733	5.591
纪念银币	239.110	274.245	-12.81	3.931	4.495	11.298
纪念铂币	9.817	9.927	-1.11	4.273	4.089	10.407
纪念钯币	0.789	0.756	4.38	1.182	1.663	4.063
纪念双金属币	5.359	5.149	4.08	3.114	3.118	8.121

注：变化幅度的数据经表格原始数据计算而得。

如表 1-31 所示：①2017 年与 2016 年相比，在市场交易价格变化幅度方面，钯币和双金属币录得上涨，而银币的下跌幅度最大。②在料价比（S/BD 值）方面，铂币、银币和双金属币排在前位，钯币和金币最低。③在综合投资价值（BH 值）指标方面，银币和铂币排在前位，钯币最低。

（四）不同重量规格板块

我国的现代贵金属币从最小 1 克到最大 10 公斤，共有 43 种重量规格。根据"中国现代贵金属币信息分析系统"的分类（见本书附录），将这些重量规格大致分为 5 个区间。这 5 个重量规格区间的数据见表 1-32。

表 1-32　　　　　纪念币不同重量规格板块数据统计

统计指标	2016 大盘			评价投资价值绝对指标 S/BD 值		评价投资价值相对指标（BH 值）
	2017 年市值（亿元）	2016 年市值（亿元）	2017 年与 2016 年相比的变化幅度（%）	2017 年	2016 年	2017 年
特大规格	11.978	11.752	1.92	1.747	1.808	5.933
大规格	75.184	78.023	-3.64	1.893	2.131	7.675
中等规格	140.315	148.500	-5.51	1.938	2.185	12.031
一般规格	440.473	482.967	-8.80	2.011	2.363	8.148
小规格	9.237	9.975	-7.40	2.395	2.646	5.926

注：变化幅度的数据经表格原始数据计算而得。

如表 1-32 所示：①2017 年与 2016 年相比，在市场交易价格变化幅度方面，小规格和一般规格的币种下跌幅度较大。②在料价比（S/BD 值）方面，小规格和一般规格的币种仍然较高。③在综合投资价值指标（BH 值）方面，中等规格币种处于优势。

（五）与文化艺术价值要素相关的板块

2017 年民间组织了一次我国现代贵金属货币文化艺术价值的问卷调

查活动，内容非常丰富。实际上文化艺术价值与收藏投资价值密切相关，以下部分将从文化艺术价值的评价得分和收藏投资价值的主要指标方面进行展现。这些分析要素主要包括老精稀、新精品、文化艺术价值得分百优币和百弱币，以及获奖币等，统计数据见表1-33。

表1-33　　　　　与文化艺术价值分析要素相关板块数据统计

统计指标	2016大盘			评价投资价值绝对指标（S/BD值）		评价投资价值相对指标（BH值）	文化艺术价值评价得分（分）
	2017年市值（亿元）	2016年市值（亿元）	2017年与2016年相比的变化幅度（%）	2017年	2016年	2017年	总分
2016年大盘	1 367.169	1 418.918	-3.65	1.410	1.616	8.106	27.648
老精稀	109.578	111.789	-1.98	5.664	5.862	19.864	29.526
新精品	54.237	56.381	-3.80	2.260	2.448	8.907	29.481
百优	78.892	82.770	-4.69	4.176	4.531	17.516	31.213
百弱	83.692	83.956	-0.31	1.091	1.153	5.149	22.927
获奖币——克劳斯	8.400	8.950	-6.15	3.630	2.219	20.946	30.455
获奖币——德国钱币杂志	41.215	42.271	-2.50	1.074	1.137	5.681	27.527
获奖币——工艺美术百花	4.759	5.039	-5.56	22.685	13.850	71.448	31.175

注：变化幅度的数据经表格原始数据计算而得。

如表1-33所示：①2017年与2016年相比，在市场交易价格变化幅度方面，由于整个大盘处于弱市，任何板块都处于无法幸免的状态。但是前期涨幅越大，当前下跌空间也较大的规律已经显现。②在料价比（S/BD值）方面，文化艺术价值得分较高的板块优势已经开始显现。③在综合投资价值指标（BH值）方面，文化艺术价值得分较高的板块与收藏投资价值正相关的规律开始充分显现。④以上数据表明，从一般规律看文化艺术价值相对较优的币种，收藏投资价值往往也会相对比较优秀。

关于老精稀、新精品、百优币种和百弱币种的名录详见由中国财政经济出版社出版发行的《中国现代贵金属币文化艺术价值问卷调查分析报告》一书。

三、全部现代贵金属币中典型币种数据

2016 年大盘中共有 2 149 个币种，在 2017 年中这些币种的市场表现各异。以下将从零售价指导价溢价率（S/L 值）分布状况、币种市场交易价格上涨下跌总量结构、市场交易上涨幅度最大币种排序、跌破零售指导价币种结构和评价收藏投资价值综合指标（BH 值）排序等方面进行展现。

（一）零售指导价溢价率（S/L 值）分布数据

零售指导价溢价率（也称为零售价溢价率或初始发行价溢价率）主要是指市场交易价格与零售指导价之间的比值。它是反映收藏投资及消费群体如果能在零售指导价买入贵金属币的情况下，可能取得的收藏投资收益比率。

2016 年大盘零售指导价溢价率（S/L 值）分布状况见表 1 - 34 和图 1 - 17。

表 1 - 34   2016 年大盘币种零售价溢价率（S/L 值）分布状况统计

零售价价溢价率（S/L 值）分布区间	币种枚数（个）	占比（%）
100 ≤ 零售价溢价率	20	0.93
50 ≤ 零售价溢价率 < 100	34	1.58
25 ≤ 零售价溢价率 < 50	76	3.54
10 ≤ 零售价溢价率 < 25	229	10.66
5 ≤ 零售价溢价率 < 10	407	18.94
1 ≤ 零售价溢价率 < 5	998	46.44
零售价溢价率 < 1	385	17.92%

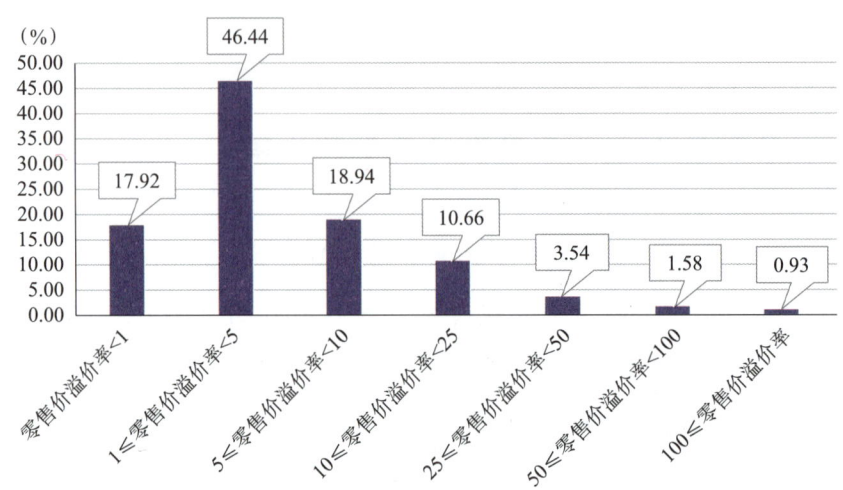

图 1-17　2016 年大盘币种零售价溢价率（S/L 值）占比分布状况

2016 年大盘零售指导价溢价率（S/L 值）的数值分布数值区间很大。为简化起见将这个数值范围分为了 7 个区间。

如表 1-34 和图 1-17 所示，在 2016 年大盘中，零售指导价溢价率（S/L 值）呈现橄榄型分布，但重心偏下。从这些数据中可以看到：①跌破零售指导价的币种占总量的 17.92%，高于零售指导价的币种占总量的 82.08%。此数据表明，如果能以零售指导价买入现代贵金属币，取得收藏投资正向回报将有可能是大概率事件。②在高于零售指导价的币种中，数值处于"1≤零售价溢价率<5"区间的币种占到总数的 46.44%，并且随着 S/L 值的增加，占比的数值迅速降低。此数据表明，在全部现代贵金属币中，具有非常优异收藏投资价值的币种仅占少数。③如果仅从投资角度观察，再将投入资金的效率考虑在内，收藏投资现代贵金属币也是风险和收益并存。

（二）币种市场交易价格上涨下跌总量结构数据

在 2017 年中 2016 年大盘不同币种的涨跌互现，这种状况的总量结构见表 1-35。

表 1-35　　2016 年大盘内部币种涨跌情况统计

统计指标	币种数量（枚）	市场价总值（亿元）			市场价格涨跌能力
		2017 年	2016 年	2017 年与 2016 年相比的变化幅度（%）	
合计	2 149	1 367.17	1 418.92	-3.65	1.000
下跌币种	1 456	767.39	861.84	-10.96	0.548
上涨币种	693	588.03	545.32	7.83	1.825

如表 1-35 所示，在 2016 年大盘中，2017 年市场交易价格上涨的币种共计 693 枚，占总量的 32.25%，下跌币种 1 456 枚，占总量的 67.75%，下跌币种大于上涨币种。此数据表明，2017 年我国金币市场仍然处于弱市，下跌的总能量仍然大于上涨的总能量，但底部特征已经开始初露端倪。

（三）交易价格上涨币种排序

在 2016 年大盘中，共有 693 个币种上涨，其中上涨幅度最大的前 25 位币种名录见表 1-36。

表 1-36　　2016 年大盘上涨幅度最大的前 25 位币种名录

发行时间	项目名称	币种名称	与 2016 年相比的变化幅度（%）
2002 年	中国熊猫金币发行 20 周年银铂纪念币	1 公斤银币——（镶金）	34.85
1994 年	1994 版龙凤双金属纪念币	1/10 盎司金 + 1/28 盎司银币（双金属）	31.86
1993 年	1993 版熊猫金银铂及双金属纪念币	1/4 盎司金 + 1/8 盎司银币（双金属）	29.00
1987 年	1988 中国戊辰（龙）年金银铂纪念币	12 盎司金币	28.28
1997 年	中国近代国画大师齐白石金银纪念币	1 公斤金币	27.76
1991 年	1992 中国壬申（猴）年金银铂纪念币	15 克银币	27.36

续表

发行时间	项目名称	币种名称	与2016年相比的变化幅度（%）
1995年	1995版熊猫金银铂及双金属纪念币	1/4盎司金+1/8盎司银币（双金属）	27.31
1995年	1995版熊猫金银铂及双金属纪念币	1/10盎司金+1/28盎司银币（双金属）	27.31
1995年	1995版熊猫金银铂及双金属纪念币	5盎司银币	27.12
1993年	中国古代名画系列（孔雀开屏）金银纪念币	5盎司银币	26.33
2012年	中国熊猫金币发行30周年金银纪念币	5盎司金币	25.42
1998年	大唐镇库金钱金银币	1公斤金币（方孔）	25.15
2004年	人民代表大会成立50周年金银纪念币	1/2盎司金币（幻彩）	25.04
1991年	1992中国壬申（猴）年金银铂纪念币	5盎司银币	23.66
1980年	国际儿童年金银纪念币	1盎司金币（加厚）	23.55
2014年	新疆生产建设兵团成立60周年金银纪念币	1盎司银币（镀金）	23.09
1996年	中国熊猫金币发行15周年纪念金币	1/10盎司金币（普制）	22.12
2014年	2014版熊猫金银纪念币	5盎司银币	22.11
1994年	1994版麒麟金银及双金属纪念币	1盎司金币	21.91
2001年	2002年壬午（马）年金银纪念币	1/2盎司金币（梅花形）	21.82
1992年	龙马金银纪念币	1/4盎司金币	21.48%
1995年	1995版熊猫金银铂及双金属纪念币	1/10盎司铂币	20.44
1983年	马可·波罗金银纪念币	1克金币	19.88
1993年	1994年中国甲戌（狗）年金银纪念币	1盎司银币	19.73
1995年	1996中国丙子（鼠）年金银铂纪念币	12盎司银币	19.68

如表1-36所示：①从时间的分布看，1999年以前发行的币种占总数的76%，是这25个币种的主体。②从币种的题材看，文化类和事件类占据主流地位，为76%。③从贵金属材质看，金币的总量为48%，几乎占到一半。其中，特别值得关注的是，双金属币有4个币种进入这个名录，这应该与双金属币的概念走热有关。④从重量规格看，一般规格占

据较大份额。⑤纵观数据反映的整体情况，尽管不同币种的价格变化具有随机性，但是能够受到收藏投资者普遍关注的币种将有可能在市场交易中获得青睐。

（四）跌破零售指导价币种结构数据

在2016年大盘中，共有385个币种跌破零售指导价，这些币种主要分布区间是2006~2016年，占跌破零售指导价总数的94.81%。这些币种的结构见表1-37。

表1-37　　　　　2016年大盘跌破发行价币种结构分析

统计指标	大及特大金币（枚）	大及特大银币（枚）	中等规格金币（枚）	中等规格银币（枚）	一般及小规格金币（枚）	一般及小规格银币（枚）	合计（枚）	同期发行币种总数（枚）	跌破发行价币种占比（%）
2006年				1	3	4	8	43	18.60
2007年		1		1	4	5	11	94	11.70
2008年		1	1		7	7	16	49	32.65
2009年		1	1	1	8	5	16	46	34.78
2010年	1		4	2	16	13	36	54	66.67
2011年	2	4	5	4	12	23	50	64	78.13
2012年	4	5	8	6	18	10	51	56	91.07
2013年	4	5	6	3	13	12	43	53	81.13
2014年	4	3	6	4	17	8	42	64	65.63
2015年	3	2	5	3	23	6	42	71	59.15
2016年	1	2	5	4	22	16	50	63	79.37
合计	19	24	41	29	143	109	365		
同期发行同类币种总数（枚）	48	39	57	43	237	233		657	
跌破发行价币种占比（%）	39.58	61.54	71.93	67.44	60.34	46.78			55.56

如表 1-37 所示：①在这个时间区间内，共有 365 个币种跌破零售指导价，占同期发行币种总数的 55.56%，形势不容乐观。②从发行时间的分布看，2010~2016 年为重灾区，跌破零售价的币种与同期发行币种相比的占比都超过了 50%，其中 2012 年的数据达到 91.07%，可谓下跌惨烈。③从贵金属材质和重量规格看，中等规格金银币的占比占了头筹，其他分类的情况也不可小视。④纵观数据反映的整体情况，尽管贵金属价格下跌对形成这种状况产生一定影响，但是供需关系变化是更重要的原因。这种状况是否可以解释市场预期负面和入市资金匮乏的经济原因。

（五）评价收藏投资价值综合指标（BH 值）排序数据

评价收藏投资价值综合指标（BH 值）将分为排序最前的金币和铂币、排序最前的银币，以及排序最后的金银币等三种情况。

1. 2017 年评价收藏投资价值综合指标（BH 值）最高的前 25 位金币和铂币数据（见附表 5）

如附表 5 所示，如套装币按一个单位计算，这个名单实际包括 37 个币种。通过这个名单可以看到：①从时间分布看，这些币种全部集中在 1980~1998 年。②从币种题材看，文化类和事件类项目占到 91.89%，成为绝对主体。③从重量规格看，中小规格币种占比位 86.49%，也是币种构成结构的主体。

2. 2017 年评价收藏投资价值综合指标（BH 值）最高的前 25 位银币数据（见附表 6）

如附表 6 所示，如套装币按一个单位计算，这个名单实际包括 36 个币种。通过这个名单可以看到：①与附表 5 的情况相同，这些币种全部集中在 1980~1998 年。②从币种题材看，文化类和事件类项目占到 72.22%，仍然为这名录的主体。但是值得关注的是，早期发行的 10 种体育题材的银币入围。③从重量规格看，也是以中小规格的币种为主，占 77.78%。

3. 2017年评价收藏投资价值综合指标（BH值）最低的后25位金银币数据（见附表7）

如附表7所示：①从时间区间看，这个名录的时间范围从1986~2013年，与附表5和附表6的情况发生较大变化。②从币种题材看，与熊猫题材相关的币种为17个，占币种总数的68%，其他各种题材的分布比较均匀。③从贵金属材质看，仅有一种银币，其他全部为金币。④从重量规格看，仅有一种大规格币种，其他全部是中小规格币种。

综合以上排序数据可以看到，早期发行的现代贵金属币的收藏投资价值总体占优，文化类项目的收藏投资价值一般也有相对优势，发行数量较大的币种收藏投资价值大幅减弱。数据表明虽然收藏价值的高低具有一些时间性，但是一些早期发行的币种也存在BH值不尽理想的情况。从投资角度出发，如何借鉴以上数据值得思考。

第二章　市场其他经营活动运行状况

第一节　钱币鉴定评级市场状况

在我国的钱币市场中，钱币的鉴定评级属第三方增值服务，它在抑制假币流通，维护市场秩序，简化交易环节，降低交易成本，提高交易效率，提供标准化交易便利，活跃钱币市场等方面可起到积极作用。

随着市场发展需要，近些年来在我国的钱币鉴定评级市场中，完整的钱币鉴定评级概念已经开始发生分化，出现了只进行钱币的真伪鉴定而不对钱币的品相进行评价的新模式，这种钱币一般具有认证标志，可以通过钱币鉴定评级公司的官方网站进行认证查询，被称为认证封装币（简称封装币）。具有完整钱币鉴定评级概念的钱币简称为评级币。

我国钱币鉴定评级市场的数据将主要包括：2017年钱币鉴定评级市场的增量及结构数据，钱币鉴定评级市场变化的对比数据，现代贵金属币的鉴定评级增量数据和总量数据。它们来源于NGC、PCGS、源泰、中金国衡、中钞鉴定、公博、众城、华龙盛世、广东鼎誉、中钱国信和南京保粹等公司的数据汇总。

第二章 市场其他经营活动运行状况

一、钱币鉴定评级市场的增量及结构数据

2017年我国钱币鉴定评级增量的数据见表2-1和图2-1。

表2-1　　　　2017年钱币鉴定评级市场的增量和结构统计

统计指标		金属币（万枚）				纸币（万张）			合计
		古币	近代机制币	现代金银币	现代流通币硬币（包括普通纪念币硬币）	流通纸币	普通纪念币纸币	其他纸币	
总数	数量	49.09	51.95	222.46	48.24	82.64	31.61	23.66	509.66
	占比（%）	9.63	10.19	43.65	9.47	16.21	6.20	4.64	100.00
评级币	数量	41.40	39.90	108.13	24.47	65.37	30.65	3.58	313.50
	占比（%）	13.21	12.73	34.49	7.81	20.85	9.78	1.14	100.00
封装币	数量	7.70	12.06	114.34	23.77	17.27	0.95	20.09	196.16
	占比（%）	3.92	6.15	58.29	12.12	8.80	0.49	10.24	100.00

注：表中数据由原始数据计算而得。

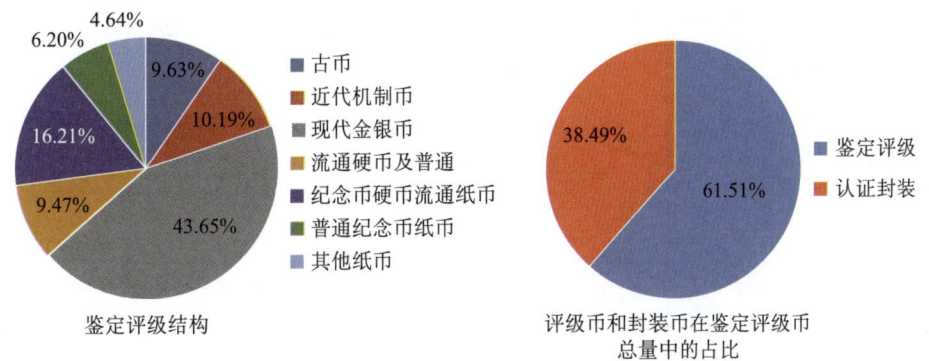

图2-1　2017年钱币鉴定评级市场增量及结构

如表2-1和图2-1所示，2017年我国钱币鉴定评级市场的规模继续扩大，各种钱币鉴定评级的总量为509.66万枚，其中评级币313.50万枚，占总量的61.51%；封装币196.16万枚，占总量的38.49%。

在评级币中现代贵金属币的评级数量仍然是鉴定评级的主体，鉴定评级总量108.13万枚，占评级币总量的34.49%。紧随其后的是流通纸币，鉴定评级总量65.37万枚，占评级币总量的20.85%。其他钱币品种

合计 140.00 万枚，占评级币总量的 44.66%。

在封装币中，现代贵金属币更是这个板块的主体，认证封装量 114.34 万枚，占封装币总量的 58.29%。紧随其后的是近代流通硬币，认证封装量 23.77 万枚，占封装币总量的 12.12%。其他钱币品种合计 58.06 万枚，占封装币总量的 29.60%。

二、钱币鉴定评级市场变化的对比数据

钱币鉴定评级市场 2017 年与 2016 年相比的变化数据见表 2-2。

表 2-2　　钱币鉴定评级结构 2017 年与 2016 年相比的变化统计

统计指标		金属币（万枚）				纸币（万张）			合计
		古币	近代机制币	现代金银币	现代普通金属币	流通纸币	普通纪念币纸币	其他纸币	
总数量	2016 年	18.64	42.31	228.26	75.79	25.34	12.93	0.00	403.28
	2017 年	49.09	51.95	222.46	48.24	82.64	31.61	23.66	509.66
	2017 年与 2016 年相比的变化幅度（%）	163.37	22.79	-2.54	-36.35	226.10	144.36		26.38
评级币	2016 年	17.99	27.06	145.06	75.08	22.79	11.48	0.00	299.46
	2017 年	41.40	39.90	108.13	24.47	65.37	30.65	3.58	313.50
	2017 年与 2016 年相比的变化幅度（%）	130.16	47.41	-25.46	-67.40	186.82	167.13		4.69
封装币	2016 年	0.65	15.25	83.20	0.71	2.55	1.46	0.00	103.82
	2017 年	7.70	12.06	114.34	23.77	17.27	0.95	20.09	196.16
	2017 年与 2016 年相比的变化幅度（%）	1 076.28	-20.91	37.42	3 265.46	577.39	-34.72		88.95

注：表中数据由原始数据计算而得。

如表2-2所示,2017年与2016年相比,鉴定评级总量继续增长26.38%。其中评级币增长4.69%,封装币增长88.95%,封装币的增幅大大高于评级币。

在评级币的增量结构中,增幅最大的是流通纸币,为186.82%。而现代金银币减少25.46%,现代普通金属币减少67.40%。

在封装币的增量结构中,增幅最大的是现代普通金属币,为3 265.46%,而近代机制币和普通纪念币纸币分别减少20.91%和34.72%。在这里需要特别关注的是,现代贵金属币的增幅为37.42%。

三、现代贵金属币鉴定评级市场的增量及结构数据

2017年现代贵金属币鉴定评级市场的增量及结构数据见表2-3。

表2-3　　2017年现代贵金属币鉴定评级增量的数量及结构统计　　单位:枚

	统计指标	金币	银币	铂币	钯币	双金属币	无法分解	合计
	总量	204 401	851 081	1 526	157	9 706	14 383	2 224 636
评级币	70—源泰100—国衡100—99	169 636	654 973	271	13	3 405	0	828 298
	69—源泰99—国衡98—97	27 221	130 046	832	93	3 242	0	161 434
	68—源泰98—国衡96—95	5 434	54 536	345	41	1 608	1	61 965
	67—源泰—97—国衡94—93	1 230	4 883	47	8	670	0	6 838
	66—62—源泰—96—92—国衡92—82	668	6 552	29	2	741	0	7 992
	无级别币	212	91	2	0	40	0	345
	报送数据未分解	0	0	0	0	0	14 382	14 382
	封装币	137 132	1 004 197			2 053		1 143 382

注:①目前在我国钱币鉴定评级市场中主要使用的有美国的70分标准体系、源泰的100分标准体系和中金国衡的100分标准体系。在表2-3"评级标准等级"一览表中,三个标准平行排列,一方面显示三个不同标准体系的对应关系,同时反映表中数据来源于使用以上三个标准进行鉴定评级的产品数量汇总。

②表中数据由原始数据计算而得。

如表 2-3 所示，2017 年现代贵金属币鉴定评级市场的总增量 222.46 万枚，与 2016 年相比减少 2.54%。

从 2017 年现代贵金属币鉴定评级市场总增量的内部结构看，评级币 108.13 万枚，占评级币总量的 48.60%。封装币 114.34 万枚，占评级币总量的 51.40%。

从评级币贵金属材质的内部结构看，银币 851.08 万枚，占比为 78.71%。金币 204.40 枚，占比为 18.90%。其他材质的数量占比为 2.38%，符合正常分布。

从评级币得分等级的内部结构看，70 分 82.83 万枚，占比为 76.61%。69 分 16.14 万枚，占比为 14.93%。其他得分币种占比为 8.46%。

从封装币贵金属材质的内部结构看，金币 13.71 万枚，占比为 11.99%。银币 100.42 万枚，占比为 87.83%。双金属币 2 053 枚，占比为 0.18%。

四、现代贵金属币鉴定评级市场的总量及结构数据

全部现代贵金属币鉴定评级的历史汇总数据见表 2-4。截止到 2017 年，现代贵金属币的全部鉴定评级量 707.88 万枚，仅占全部现代贵金属币发行总量的 6.07%，市场发展空间巨大。其中，评级币 436.11 万枚，占总量的 61.61%。封装币 271.77 万枚，占总量的 38.39%。

从全部现代贵金属币评级总增量不同贵金属材质的内部结构看，金币 74.91 万枚，占评级币总量的 17.18%。银币 347.46 万枚，占评级币总量的 79.67%；其他材质 13.74 万枚，占评级币总量的 3.15%。

从评级币总量不同等级的内部结构看，70 级 217.03 万枚，占评级币总量的 49.76%。69 级 144.34 万枚，占评级币总量的 33.10%。其他评分等级 74.75 万枚，占评级币总量的 17.14%。

表2-4　　2017年现代贵金属币鉴定评级币全部数量及结构统计　　　　单位：枚

统计指标		金币	银币	铂币	钯币	双金属币	无法分解	合计
总量		749 130	3 474 613	8 891	3 059	16 549	108 866	7 078 797
评级币	70—源泰100—国衡100—99	441 934	1 722 312	838	412	4 795	0	2 170 291
	69—源泰99—国衡98—97	243 011	1 186 035	5 848	2 089	6 375	0	1 443 358
	68—源泰98—国衡96—95	41 310	348 150	1 536	394	3 202	1	394 593
	67—源泰97—国衡94—93	9 982	66 642	349	136	1 145	0	78 254
	66—62—源泰96—92—国衡92—82	5 465	37 546	271	28	970	0	44 280
	无级别币	7 428	113 928	49	0	62	0	121 467
	报送数据未分解						108 865	108 865
封装币		467 879	2 247 757			2 053		2 717 689

注：①目前在我国钱币鉴定评级市场中主要使用的有美国的70分标准体系、源泰的100分标准体系和中金国衡的100分标准体系。在表2-4"评级标准等级"一览表中，三个标准平行排列，一方面显示三个不同标准体系的对应关系，同时反映表中数据来源于使用以上三个标准进行鉴定评级的产品数量汇总。

②表中数据由原始数据计算而得。

从封装币总量不同贵金属材质的内部结构看，金币46.79万枚，占封装币总量的17.25%。银币224.78万枚，占封装币总量的82.71%。双金属币2 053枚，占封装币总量的0.08%。

综合以上数据可以看到：

①整个钱币鉴定评级市场的发展规模继续快速增长26.38%，其中，封装币的发展速度大于评级币，显示出钱币鉴定评级的内部结构正在发生新变化。

②在现代贵金属币方面，2017年鉴定评级总量与2016年相比下降2.54%，其中，封装币的增长速度为37.42%，评价币的下降幅度为25.46%，显示出现代贵金属币鉴定评级市场出现的新动向。

③从2017年现代贵金属币鉴定评级的内部结构看，按贵金属材质分类的结构分布比较合理，按评分等级分类的结构分布出现了70级大大高于69级的极不正常情况，并且拉动全部现代贵金属币评级结构出现异常。

以上数据反映的动向和问题值得深入分析研究。

第二节 | 钱币拍卖市场状况

钱币拍卖是我国现代贵金属币进行价值转换的重要方式之一。特别是随着"互联网+"新经济形态的发展和钱币鉴定评级的逐步普及，钱币的网络拍卖发展迅速。

根据对全世界 23 家主要钱币拍卖公司的 474 场拍卖进行的实际数据跟踪，2017 年我国现代贵金属币拍卖状况统计见表 2-5 和表 2-6。

表 2-5　　　　　　　　2017 年现代贵金属币拍卖状况统计

统计指标		上拍数量（枚/套）	成交数量（枚/套）	成交率（%）	人民币总金额（折合人民币元）	在交易总额中的占比（%）
总体		93 123	89 219	95.81	402 486 308	100.00
境内境外	境内	91 574	87 872	95.96	368 212 676	91.48
	境外	1 549	1 347	86.96	34 273 632	8.52
线下线上	现场	1 757	1 472	83.78	49 036 538	12.18
	网络	91 366	87 747	96.04	353 449 770	87.82
拍卖公司	赵涌	49 247	48 568	98.62	171 338 952	42.57
	易金	32 779	31 730	96.80	138 669 793	34.45
	易藏 APP	3 693	3 460	93.69	19 240 721	4.78
	SBP	715	683	95.52	15 490 615	3.85
	海瑞德	411	400	97.32	13 620 124	3.38
	一只鹿	1 368	1 342	98.10	12 458 825	3.10
	东西方拍卖	263	209	79.47	12 324 070	3.06
	捡克	3 668	2 054	56.00	10 609 257	2.64
	香港冠军	61	42	68.85	2 392 412	0.59
	北京国际钱币展销会拍卖	51	50	98.04	1 988 916	0.49
	其他 13 家钱币拍卖公司	867	681	78.55	4 352 623	1.08

注：表中数据由原始数据计算而得。

表 2–6　　　　　　　　　　2017 年现代贵金属币拍卖结构统计

统计指标	质量等级	交易总额（元）	交易数量（枚）	在拍卖总数中的占比（%）		在同一评价体系中的占比（%）	
				交易总额	交易数量	交易总额	交易数量
70 分体系	70（分）	59 215 508	24 769	15.19	25.12	17.68	36.33
	69（分）	219 371 841	34 777	56.28	35.27	65.49	51.01
	68（分）	38 214 986	6 363	9.80	6.45	11.41	9.33
	67（分）	5 911 129	1 262	1.52	1.28	1.76	1.85
	66~60（分）	3 833 763	453	0.98	0.46	1.14	0.66
	特殊版别	8 216 777	383	2.11	0.39	2.45	0.56
	无法打分	226 055	167	0.06	0.17	0.07	0.24
	小计	334 990 059	68 174	85.94	69.14	100.00	100.00
无评级币		48 964 824	25 992	12.56	26.36	100.00	100.00
源泰100 分	100（分）	310 269	297	0.08	0.30	25.15	18.64
	99（分）	584 675	780	0.15	0.79	47.39	48.96
	98（分）	237 237	357	0.06	0.36	19.23	22.41
	97（分）	53 909	67	0.01	0.07	4.37	4.21
	96~无法打分	47 724	92	0.01	0.09	3.87	5.78
	小计	1 233 813	1 593	0.32	1.62	100.00	100.00
中金国恒100 分	100（分）	2 157 358	40	0.03	0.04	6.47	9.09
	98（分）	3 730 041	105	0.13	0.11	25.41	23.86
	96（分）	7 222 845	274	0.32	0.28	62.87	62.27
	94（分）	14 391 780	21	0.03	0.02	5.26	4.77
	小计	28 735 836	440	0.51	0.45	100.00	100.00
封装币		2 624 020	2 399	0.67	2.43	100.00	100.00
合计		389 782 131	98 598	100.00	100.00		
组合销售无法分解		12 704 177					
大合计		402 486 308					

注：①以上数据为实时监控国内外 474 场与现代贵金属币相关的拍卖会的计算结果。在同一分类中包括套装币的数量。

②表中数据由原始数据计算而得。

从表 2–5 和表 2–6 中可以看到：

①2017 年这些钱币拍卖公司共有 9.3 万个拍卖单位的现代贵金属币的上拍，成交 8.9 万个拍卖单位，成交率 95.81%，折合人民币成交总金额 4.02 亿元，与 2016 年相比增加 4.62%。

②在这些拍卖活动中，境内拍卖交易 3.68 亿元，占成交总额

的91.48%。

③在这些拍卖活动中，网络拍卖交易3.53亿元，占成交总额的87.82%。

④在这些拍卖活动中，两家成交总额最高公司的成交总额共计占比77.02%，二八规律凸显。

⑤在这些拍卖活动中，如以成交金额计算，各种鉴定评级币占比为90.68%，认证封装币占比为0.65%，鉴定评级币成为现代贵金属币上拍的最重要组成部分。

⑥从拍品的数据统计看，目前70分评分体系的拍品占到成交总额的83.23%，也是拍品中的主流。

⑦在2017年的拍卖活动中，未见成交的现代贵金属币共计157枚，占现代贵金属币总数的7.07%。

⑧在2017年某公司举办的拍卖会中，一枚中国丙申（猴）年10公斤金币以539万元成交。这是现代贵金属币全年拍卖成交的最高成交价。

⑨纵观2017年现代贵金属币拍卖活动的最大特点：一是网络拍卖特别是APP终端和微信拍卖发展迅速，给钱币拍卖市场的发展增添了新的活力和发展空间。二是在现场拍卖中继续出现一些平时少见的现代贵金属币，成为拍卖一些珍稀币种的主战场。

第三节 国际金币市场和国际国内黄金市场有关状况

一、国际金币市场数据

2008~2017年国际官方铸币用金统计见附表8。

如附表8所示：

①2017年世界各国官方铸币用金共计178.1吨，我国铸币用金19.6吨，占世界官方铸币用金总量的10.99%。

②2017年与2016年相比，世界各国官方铸币用金下降13.14%，其中，我国铸币用金下降37.07%，其他国家下降8.86%。

③在2017年世界各国官方铸币的排序中，我国排在第四位。

二、国际投资币铸造量数据

鉴于2016年和2017年一些国家尚未通过官方网站公布铸造数据，国际投资币铸造量的情况仅截止到2016年，并分别见表2-7和表2-8。

表2-7　　　　国际主要国家投资金币铸造量统计　　　　单位：万盎司

国家	币种	2010年	2011年	2012年	2013年	2014年	2015年	2016年
美国	金币（91.67%）	132.88	102.89	79.38	90.02	52.45	84.87	98.5
加拿大	金币（99.99%）	107.80	114.19	76.92	113.03	70.92	95.3	
澳大利亚	金币（99.99%）	46.75	46.75	46.75	46.75	33.87	24	25.6
奥地利	金币（99.99%）	57.40	67.78	39.99	65.26	48.28	64.7	45.1
南非	金币（91.67）	61.24	75.60	75.97	86.18			
中国	金币（99.9%）	17.37	45.27	42.39	46.01	34.85	38.39	69.71

注：国外投资币的数据来源于各国铸币机构的官方网站，我国投资币发行的数据来源于中国现代贵金属币信息分析系统。

表2-8　　　　国际主要国家投资银币铸造量统计　　　　单位：万盎司

国家	币种	2010年	2011年	2012年	2013年	2014年	2015年	2016年
美国	银币（99.93%）	3 561.44	4 137.71	3 484.64	4 383.13	4 600.00	4 793	3 770.2
加拿大	银币（99.99%）	1 780.00	2 313.00	1 813.23	2 822.21	2 924.50	3 430	
澳大利亚	银币（99.9%）	470.83	388.30	743.55	402.00	253.26	374.79	246.4
奥地利	银币（99.9%）	1 135.82	1 787.37	876.92	1 453.64	464.35	729.86	344.8
中国	银币（99.9%）	150.00	377.66	216.53	330.61	477.84	800.00	771.62

注：国外投资币的数据来源于各国铸币机构的官方网站，我国投资币发行的数据来源于中国现代贵金属币信息分析系统。

如表2-7和2-8所示，尽管数据不完全，但截止到2016年我国投资币的发行规模总体呈现上涨态势，从2015年起已经进入国际五大投资币行列。

三、国际国内贵金属市场数据

2017年国际国内贵金属交易价格走势的统计见表2-9。

表2-9　　　　　2017年伦敦和上海黄金交易所贵金属价格

交易场所		黄金	白银	铂	钯
伦敦贵金属交易所价格（美元/盎司）	最高价	1 357.67	18.656	1 046.21	1 071.56
	最低价	1 146.14	14.357	871.49	680.5
	加权均价	1 255.18	17.103	955.21	853.98
上海黄金交易所（元/克）	最高价	300.00	4.270	243.50	
	最低价	258.00	3.544	202.00	
	加权均价	275.52	3.927	221.02	

如表2-9所示，2017年国际国内贵金属价格除了钯金价格录得较大涨幅之外，黄金、白银和铂金价格处于区间震荡，变动幅度不大。

2017年伦敦黄金在1 146.14～1 357.67美元/盎司波动，全年平均金价报1 255.18美元/盎司，与2016年平均金价相比上升0.73%。2017年上海黄金交易所黄金在258.00～300.00元/克波动，全年平均金价报275.52元/克，与2016年相比下降2.73%。

2017年伦敦白银在14.357～18.656美元/盎司波动，全年平均银价报17.103美元/盎司，与2016年平均银价相比下降0.31%。2017年上海黄金交易所白银在3.544～4.270元/克波动，全年平均银价报3.927元/克，与2016年相比上升0.38%。

2017年国际铂金价格在871.49～1 046.21美元/盎司波动，全年平均铂金价格报955.21美元/盎司，与2016年平均铂金价格相比下降 3.38%。

2017 年上海黄金交易所铂金在 202.00~243.50 元/克波动,全年平均铂金价报 221.02 元/克,与 2016 年相比上升 0.34%。

2017 年国际钯金价格在 680.50~1 071.56 美元/盎司波动,全年平均钯金价格报 853.98 美元/盎司,与 2016 年平均钯金价格相比上升 33.96%。

2008~2017 年,国际黄金白银年度加权均价走势见图 2-2 和图 2-3。1979~2007 年国际黄金白银年度加权均价走势详见《中国现代贵金属币市场分析报告(2014)》。

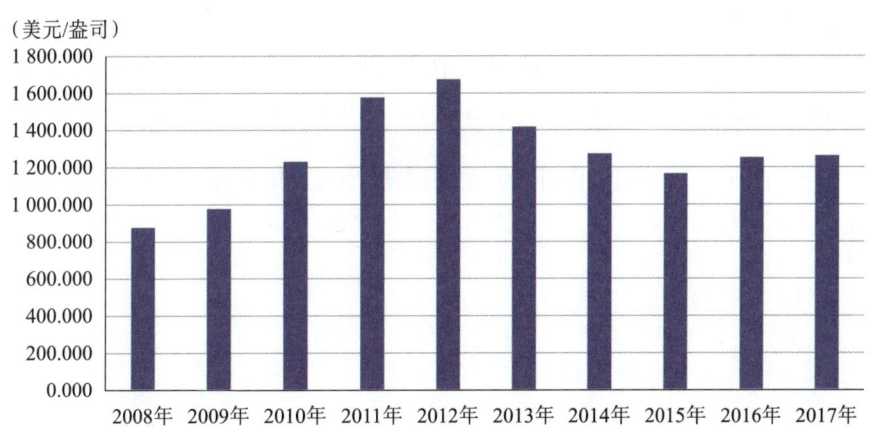

图 2-2 2008~2017 年国际黄金价格(年度加权均价)走势

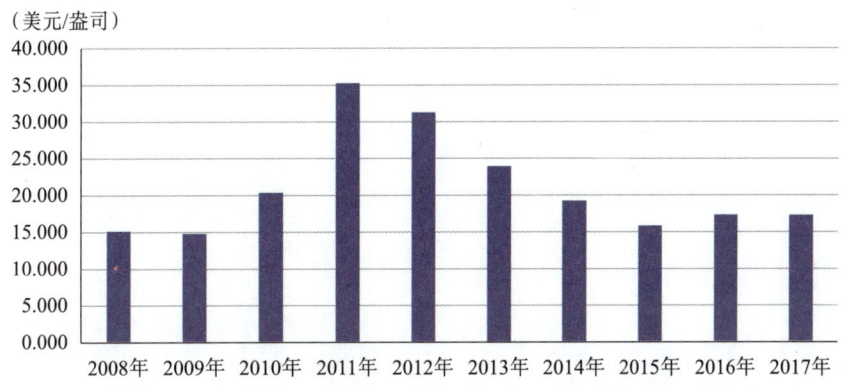

图 2-3 2008~2017 年国际白银价格(年度加权均价)走势

四、2017 年国内黄金消费状况数据

2017 年国内黄金消费状况见附表 9

①2017 年国内黄金消费总量 1 083.03 吨，与 2016 年相比上升 11.15%。

②从内部的消费结构看，2017 年与 2016 年相比，只有官方铸币用金量下降，其他统计口径均上升。

③从内部的消费结构看，2017 年官方铸币用金量占国内黄金消费总量的 1.84%，占实物金条消费总量的 7.22%。

④从 2017 年国内黄金消费的变化趋势看，官方铸币用金量逆势下降的原因值得分析研究。另外，由于实物金条的消费与金币的消费具有相似性，数据表明，我国金币市场特别是投资金币的市场仍具有巨大的市场发展空间。

中国现代贵金属币市场分析 报告
2017
ANALYSIS REPORT

第二部分 分析

第三章 市场运行状况分析

第一节 2017年大盘发行增量分析

2017年大盘发行增量也称2017年板块,指2017年中的新发币种。对2017年大盘发行增量的分析主要包括总体分析和市场发展中遇到的主要问题。

一、总体分析

(一) 2017年管理层和国有专营企业在推动市场发展中的主要工作

2017年是我国的熊猫币发行35周年。为了纪念和回顾熊猫币的发展成绩和对我国金币市场的贡献,在2017年国有专营企业举办了各种活动。这些活动主要包括发行"中国熊猫金币发行35周年金银纪念币",举办国际币章艺术展,出版有关专题刊物,同时还包括在央视主要媒体的黄金时段进行熊猫金币的形象宣传,扩大了熊猫币的社会影响。其中,特别应该值得关注的是在央视媒体上进行的熊猫金币宣传,这种宣传力度是前所未有的,说明国有专营企业已经开始注意到宣传工作的重要性,值得肯定。

在现代贵金属币的发行管理方面,管理层开始进行管理机制改革的新探索,进一步规范了发行项目的审批管理规程,同时努力将反假工作列入国家层面的管理范畴,为市场健康发展奠定了新基础。

从具体发行项目的设计看,也有一些新突破。其中,最典型的是在"环青海湖国际公路自行车赛银质纪念币"项目的正面设计要素选择上,一改近些年纪念币正面设计普遍采用标准国徽的常规做法,实现了设计图案的创新与变化,得到了市场的好评和认可。

从改善一级市场流通环境方面看,针对一些商业机构在销售熊猫普制金币中的不规范行为,国有专营企业果断出手进行整顿和规范,维护了广大收藏投资和消费群体的利益。与此同时,针对目前市场在设计销售金银币衍生产品方面出现的乱象,管理层也及时进行清理整顿,进一步规范了在商业活动中使用人民币图样的管理审批程序,为消除误导大众消费的虚假宣传和净化市场环境做了大量工作。

综合以上情况,2017年管理层和国有专营企业总结经验,不断改进工作,加强基础管理和宣传,同时积极进行项目的设计创新,为我国的金币市场带来了新希望。

(二)发行增量的市场运行状况

1. 供给与需求状况

在本书第一章第二节中,已经对2017年板块的数据进行了详尽披露。为深入分析这个板块的市场运行状况,现将其中的重要数据进行了汇总,见表3-1。

如表3-1所示:

(1)从供给的情况看

在实际发行项目方面,2017年板块与2016年板块相比减少1个项目。

表 3-1　　2017 年板块与 2016 年板块主要指标对比分析

分析指标		2017 年	2016 年	2016 年与 2015 年相比的变化幅度（%）
项目（个）		13	15	-13.33
币种数	合计	71	63	12.70
	投资币	6	6	0.00
	纪念币	65	57	14.04
重量（万盎司）	合计	791.68	1 208.27	-34.48
	投资金币	46.45	69.71	-33.36
	投资银币	411.85	771.62	-46.63
	纪念金币	16.47	27.47	-40.06
	纪念银币	316.10	339.48	-6.89
零售价总值（亿元）	合计	90.30	125.36	-27.96
	投资金币	44.18	62.17	-28.93
	投资银币	7.01	12.69	-44.75
	纪念金币	24.07	37.00	-34.94
	纪念银币	14.22	13.50	5.39
市场价/零售价（S/L 值）	合计	0.91	0.957	-4.97
	投资金币	0.88	0.937	-6.58
	投资银币	0.87	0.902	-3.40
	纪念金币	0.92	0.920	0.24
	纪念银币	0.96	1.201	-19.71

注：变化幅度的数据经表格原始数据计算而得。

在发行币种方面，2017 年板块与 2016 年板块相比，投资币的数量持平，纪念币的数量增加 8 个币种，增幅 14.04%。

在按重量计算的供应总量方面，2017 年板块与 2016 年板块相比，投资金币供应总量减少 33.36%，投资银币减少 46.63%，纪念金币减少 40.06%，纪念银币减少 6.89%。

在按资金计算的供应总量方面，2017 年板块与 2016 年板块相比，零售指导价总值减少 27.96%，为 90.30 亿元。其中，投资金币减少 28.93%，投资银币减少 44.75%，纪念金币减少 34.94%，纪念银币增加

5.39%。

(2) 从需求的情况看

市场交易价格与零售指导价的比值（S/L 值）是反映需求的重要和根本指标。在 2017 年板块中，除纪念银币板块的 S/L 值仍录得微弱正向数值外，其他板块均低于零售指导价总值。其中，特别是 2017 年板块已经整体跌破零售指导价总值和批发价总值。

纵观以上供给与需求的数据可以看到：①2017 年的总供给大幅下降，分析其中的原因既有主动因素也有被动因素。从主动因素看，国有专营企业根据市场变化主动下调了一些项目的实铸量。从被动因素看，由于投资币和熊猫精制币基本属于以销定产类项目，这些币种实际铸造量的大幅下降是由于需求严重不足造成的。在形成 2017 年供给总量大幅下降的原因中，被动因素大于主动因素。②从总需求方面看，尽管总供给大幅下降，但需求下降的幅度更大，市场交易价格整体性跌破批发价已经充分说明了这一点。③保值增值是我国金币市场发展的根本经济动力。从数据来看，造成 2017 年新品总需求下降的主要原因是，收藏投资价值指标明显偏弱，市场预期负面，入市资金匮乏，整个形势比较严峻，市场的长期健康稳定发展已经面临新考验。

2. 典型币种分析

2017 年共计发行 14 个项目，71 个币种。这些币种与零售指导价相比，市场交易价格上涨的币种 23 枚，占总数的 32.39%，市场交易价格下跌的币种 48 个，占 67.61%，涨跌互现，但是下跌的总能量大于上涨的总能量。以下将对其中的典型项目和币种进行具体分析。

(1) 交易价格上涨的币种

在 2017 年发行的 71 个币种中，与零售指导价相比上涨的项目和币种主要集中在"内蒙古自治区成立 70 周年金银纪念币""一带一路国际合作高峰论坛金银纪念币""中国熊猫金币发行 35 周年金银纪念币""中国人民解放军建军 90 周年纪念币""2017 中国国际集藏文化博览会熊猫加字银质纪念币""2017北京国际钱币博览会银质纪念币"和"2018年贺岁纪念币"之中。其中,"中国熊猫金币发行35周年金银纪念币"中的"30克+12克"双金属币的上涨幅度最大,成为弱市中的一个亮点(见图3-1)。

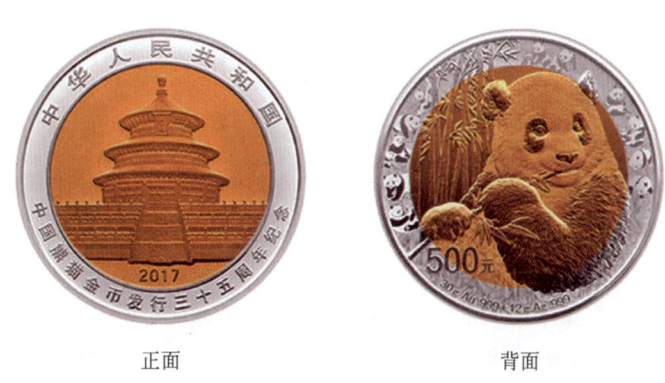

正面　　　　　　　　　背面

图3-1　纪念熊猫币发行35周年"30克+12克"双金属币

"中国熊猫金币发行35周年金银纪念币"中的"30克+12克"双金属币,发行时间是2017年6月15日,实铸量与公告发行量相同,均为6 000枚,零售指导价13 500元/枚,到年底时的市场交易价格23 300元/枚左右,上涨幅度接近75%。以下将试探性分析这枚双金属币市场交易价格迅猛上涨的原因。

从材质构成和工艺技术方面看,双金属币是我国现代贵金属币中的重要币种。在1990~2000年,曾经发行过23种双金属币。2017年发行的双金属币是时隔17年后,这个币种再次现身市场,因此得到市场普遍关注。

从文化艺术价值看,项目的主题具有一定意义,设计要素的选择贴近大众审美,设计雕刻和铸造技术与以往的双金属币相比也有创新。以上几点得到了收藏投资者的普遍认同。

从项目的销售方式看,这个币种与其他项目有所不同,其中82.03%的配额控制在直属机构手中,没有采用"撒胡椒面"的方式进行一级市场销售。

从众所周知的市场运作看,这个币种直属机构拥有的配额大部分转由某些资本在一级市场进行操盘和控制。

综合以上情况,一方面可以看到稀少币种板块再次现身和币种的文化艺术价值相对较优,对市场交易价格上升具有一定的积极作用,另一方面也应该看到销售方式的变化和资本的运作对市场交易价格上升起到了更加重要的作用。

从一般情况看,市场交易价格上涨不应该是坏事,但在短短不到半年时间内价格上涨的幅度如此之大,值得分析。对"中国熊猫金币发行35周年金银纪念币"中的"30克+12克"双金属币的价格走势分析见表3-2。

表3-2　2017年"30克+12克"双金属币价格涨幅分析

分析指标	币种（个）	公告量（万枚）	2017年底市值（亿元）	料价币（S/BD值）	收藏投资价值综合指标（BH值）	量价值（万元）
双金属币板块整体	24	7.91	6.77	3.063	8.794	最高：9 213 最低：171
1979~2000年双金属币板块	23	7.31	5.36	3.114	8.121	最高：7 503 最低：171
2017年	1	0.60	1.41	2.882	10.995	9 213

如表3-2所示：①在我国发行的24枚双金属币中,公告量7.91万枚,2017年底市场价总值6.77亿元,这些数据分别占2017年大盘纪念币的0.15%和0.94%。按照物以稀为贵的原则,交易价格上涨具有一定的市场基础。②从上涨幅度看,这枚双金属币的料价比（S/BD值）2.882,已经接近整个板块的平均值。从收藏投资价值综合指标看,BH值已经高过整个板块的均值。③从市场交易价格继续上涨的能力看,这枚双金属币的量价值为9 213万元,已经较快跨入全部双金属币板块中各

个币种量价值①的领先位置。

通过以上分析是否可以看到，这枚双金属币的交易价格上涨是有一定市场基础的，但是价格上涨幅度如此迅速已经向人们提出一系列问题：①形成正常市场交易价格的机理是什么？②目前的价格是否已经提前透支了二三十年的市场增值预期？③价格上涨的价差收益由谁获得？④对收藏投资者来说，目前的市场交易价格是否已经存在风险？⑤今后的市场交易价格变化是否还可以继续保持这种势头？⑥资本的运作对广大收藏投资者来说是好事还是坏事？以上这些问题值得继续观察和思考。

（2）交易价格下跌的币种

在2017年发行的71个币种中，有大部分币种的市场交易价格表现不佳，以下将重点分析其中的生肖币板块和吉祥文化币板块。

中国戊戌（狗）年金银纪念币整体市场交易价格的走势见图3－2。

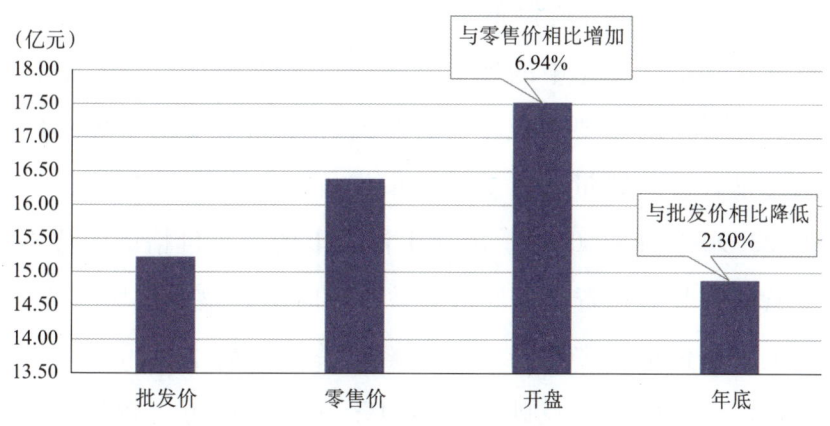

图3－2 中国狗年金银币价格走势

如图3－2所示，戊戌（狗）年金银纪念币于2017年11月16日开始发行，上市时市场整体交易价格17.53亿元，高开6.94%。紧接着就掉头向下，年底整体收盘价14.88亿元，低于零售指导价总值9.21%，

---

① 量价值主要是指，扣除贵金属成本后，单枚币种的货币溢价值与币种数量的乘积，它一般用于预判类似币种之间市场交易价格的发展趋势。

低于批发价总值2.03%。从以往的情况看，生肖币新品在短时间内市场价总值低于零售指导价总值的情况在2016年就已经出现，但是整体跌破批发价的情况还是第一次发生。

分析这个项目下跌的内部结构，在项目全部的17个币种中，上涨币种3个，主要是大规格和特大规格金币，其余币种全部下跌。下跌的总能量大于上涨的总能量。

分析这个项目下跌的主要原因：①与2016年纪念币相比，面对弱市虽然国有专营企业也主动下调了供应总量，总数量减少2.49%，总重量减少3.06%，但是下调的幅度非常有限。②目前市场对市场价格走势的预期相对负面，入市资金和购买欲望大幅降低，呈现需求大幅萎缩的状态。③我国的生肖币已经发行了36个年头，实际上既有成绩也有值得总结的经验。特别是在品种序列和设计雕刻上存在的问题在弱市中开始逐步暴露，市场的认同度正在降低。

生肖文化是中华文化中的瑰宝之一，以生肖题材发行的纪念币更是我国现代贵金属币的重要组成部分，具有深厚和重要的市场基础。从以往发行的总量看，总数量、总重量和市场价总值分别占到纪念币总量的22.43%、23.90%和31.03%。因此生肖币市场交易价格的走势不仅关系到各级经营者和收藏投资者的经济利益，同时也是整个市场的晴雨表。

实际上市场价格的涨跌与很多因素有关，当前生肖币的市场表现确实是市场极度弱势的直接反映。然而对于这个发行历史较长，权重较大的系列项目来说，确实已经到了应该坐下来进行认真总结反思的时候了。其中的主要问题有：①从这个项目中的币种序列来看，目前形成的17个币种组合是在历史发展过程中由各种复杂因素促成的，但是从现状和发展的眼光看，已经显得过于庞大和臃肿，是否应该适当瘦身值得思考。②目前市场对生肖币的设计图案不能完全认同。这里有近些年正面图案统一使用标准国徽，降低整体文化艺术价值的问题，同时也存在背面设计不论币种规格大小统一使用相同图案的问题，弱化了不同币种的个性和审美价值,呈现出一种设计管理工作的懒政和惰性。如何在弱市中全面认真总结生肖币在规划和具体设计上存在的短板,值得国有专营企业认真思考。

在2017年板块下跌的币种中,还有"吉祥文化金银纪念币"应该提及。"吉祥文化金银纪念币"是一个系列项目,到2017年已经发行了3组,这组纪念币的图案见图3-3。

图3-3 2017年吉祥文化金银币

以吉祥文化为主题的纪念币早在1997~1999年就已经发行过3个项目。这次从2015年开始发行的"吉祥文化金银纪念币"系列项目是经过重新规划和构思后推出的。这个项目分别以"五福拱手""瓜瓞绵绵""并蒂同心"和"年年有余"为不同币种的主题,紧贴民情民意,展现出民间对美好生活的期盼和祝福,较接地气。在这里最值得称道的是,这组纪念币在工艺技术上有很多突破和创新,是应用最新铸币技术的典范。因此可以地说这个系列的纪念币在文化艺术价值上值得点赞。但是与之形成鲜明反差的是,它们的市场交易价格非常低迷,2017年发行的第3组"吉祥文化金银纪念币"8个币种全部跌破批发价,已经成为2017年全部纪念币项目价格走低的垫底项目。

实际上这个项目的市场表现不会太好,国有专营企业已有预期。为了调整预期，国有专营企业将这个系列项目中的金币由 8 克调整为 5 克，目的在于降低销售价格，扩大需求。另外，这个项目的实铸量也仅为公告量的 70%，试图减少供需差。但是为什么市场没有买账呢？为什么这个项目在文化艺术价值与收藏投资价值之间会形成如此之大的反差呢？分析其中的具体原因，主要是这个系列项目之间的相似性很高，每组项目之间缺乏个性，甚至连名称都一样，出现了审美疲劳和消费购买欲望的大幅下降。这应该是这组纪念币不受收藏投资及消费群体热捧的最重要原因。在我国的纪念币中，系列发行的项目并不少见，但完全成功的并不多。吉祥文化系列纪念币的市场表现，再次向人们提出一个问题，就是系列性题材的纪念币到底应该如何规划和设计？如何避免虎头蛇尾和半途而废的尴尬局面？

二、市场发展中遇到的主要问题

我国的现代贵金属币主要分为投资币和纪念币两大系列。在这两个系列中，它们的发展战略应该是完全不同的。即投资币应该大力发展，扩大巨大的市场腾挪空间。纪念币的发行规模应该适度从紧，不断提高质量，让市场能够普遍认同。

（一）投资币的发展问题

关于投资币的发展，到 2017 年版的投资币止，已经连续发行了 36 个年头。长期以来，我国投资币的发行规模一直震荡前行，到发行 2016 年版的投资币时，终于实现了重大跨越，铸造规模投资金币达到 69.71 万盎司，投资银币达到 777.62 万盎司（800 万枚），都创出历史新高，并连续两年跨入世界五大投资币行列。

当然人们期望投资币在 2017 年中继续保持这种发展势头，或仅有小幅回调。但实际情况是，2017 年版与 2016 年版相比，投资币的销售规模大幅下降，投资金币的铸造量仅为 46.45 万盎司，下降 33.36%，投资银币的铸造规模仅为 411.85 万盎司，下降幅度 46.63%。这应该是 2017 年板块遇到的最大问题。

为什么会出现这种令人很难预料的变化呢？以下将进行试探性分析。

1. 投资金币

（1）分析投资金币 2017 年版的销售规模大幅下降的原因，首先应该分析投资金币 2016 年版销售规模大幅上涨的原因。

从供给侧看，国有专营企业正在大力调整投资金币的销售拓展渠道，努力推进规范定价机制和创新、实施新的保证金制度和优化供货方式，已经逐步实现以商业银行为主的销售结构，为扩大市场覆盖面和传播力奠定了基础。特别是在 2016 年中，这种销售渠道的优势开始发挥重要作用，是促成 2016 年版的投资金币销售规模大幅上涨的最重要原因。

从需求侧看：①2016 年黄金价格开始从本次调整的底部 1 046.00 美元/盎司反弹，最高达到 1 375.31 美元/盎司。实际上 2016 年黄金价格上涨的时段与投资金币销售的高峰期高度吻合，因此金价上涨带动了市场需求，也是 2016 年销售规模扩大的重要原因。②2016 年是我国现代贵金属币全面实施盎司改克的第一年，龙头产品效应也带动了一定需求。

当然也应该看到，在 2016 年版的投资金币销售规模中也存在一些不实成分。这集中反映在一些经销商在业绩考核制度的刺激下，购买投资金币后部分立即进行回炉返熔。实际上这部分没有反映真实需求的订单量不容小视。

（2）面对 2016 年版的投资金币销售规模大幅上涨，在销售 2017 年版的投资金时，供需关系发生了一些变化。

从供给侧看，在不少因素响下，商业银行销售投资金币的蜜月期已过，宣传推广力度减弱，这是 2017 年销售规模大幅下降的重要原因。另外，我国投资金币的顶层销售制度正在进行调整，一方面调高了部分规格的供货价格，降低了市场吸引力，另一方面集中统一开发市场和调度市场供货的能力有所减弱，不可避免地丢失了一些市场机遇和份额。另外，2017年版与2016年版相比，销售高峰期相对较短。以上因素也是2017年版的投资金币销售规模下降的原因之一。

从需求侧看：①2017年的黄金价格区间震荡，没有突破2016年的价格走势，对扩大需求具有制约作用。②2016年版的投资金币盎司改克因素消失，市场销售的热点减弱。③面对2017年市场的弱市状态，经销商业绩挂钩的激励效应减弱，不实需求减少，返熔量大幅下降。

当然也应该看到，在2016年销售投资金币时不规范行为的后遗症也开始出现。在2016年版的投资金币销售中，一些一级市场的经销商利用信息不对称，高价倾销投资金币，严重侵害了收藏投资者特别是一些最新入市客户的经济利益。这种不规范倾销行为的弊端在2017年已经开始发酵，吃亏上当的购买群体已经远离市场，对减弱市场需求也起到了不容小视的作用。

通过对比2016年版和2017年版的投资金币在一级市场的销售情况，人们是否可以看到，造成投资金币2017年版的销售规模大幅下降的原因是多种因素共同作用形成的。其中有的因素是外因，不以人们的主观意志转移。但是更多的是一级市场销售管理顶层设计的缺陷造成的，外因在通过内在因起作用。如何面对市场变化，不断调整完善投资金币一级市场销售管理的顶层设计，值得思考。

2. 投资银币

分析2016年版的投资银币大幅上涨的原因：是受到银价上升的影响，但更重要的是受2015年邮币卡电子交易平台"赚钱效应"带动。据"中国现代贵金属币信息分析系统"统计，到2016年底各种投资银币在邮币卡电子交易平台内的总仓量已经达到254万枚，由此可见在2016年版的发行规模中有相当的数量是在配合邮币卡电子交易平台的炒作需求。另外在邮币卡电子交易平台"赚钱效应"的带动下，场外的投资消费结构也发生一些变化，大量囤积投资银币的情况也已出现，这是与往年不同的。

2017年伊始，国家已经开始全面清理整顿邮币卡电子交易平台，绝大部分邮币卡电子交易平台已经停业整顿或退市，邮币卡电子交易平台赚钱的泡沫已经破灭。因此投机者大量囤积投资银币的现象已经不复存在，这是2017年版的投资银币销售规模大幅下降的最重要原因。

投资币特别是投资金币是我国金币市场最重要的支点，对于落实藏金于民，更好发挥投资金币在民间储金中的作用，大幅提高中国金币形象，提高市场占有率等都具有重要意义。从市场的实际情况看，目前投资币特别是投资金币在整个国内实物金条消费中的占比还很小，销售规模还有巨大的发展空间。只要政策对路，销售体系科学有效，实现投资金币100万盎司和投资银币1 000万盎司的年度销售规模是完全可能的，并且还有很大的发展余地。如何调整完善销售体系的顶层设计，适度调整价格体系，积极落实国家特批的免税政策，大幅缩小官方回购的买卖差价，继续发挥商业银行销售体系的作用，规范一级市场销售秩序，大力开展宣传推广活动，努力维护广大收藏投资及消费群体的根本利益等问题都值得思考。人们完全可以相信，只要打好基础和优化环境，努力提高投资金币在整个黄金消费商品中的竞争优势，当外部环境具备时，我国的投资币就一定可以取得更大的发展成绩。

（二）纪念币的问题

纪念币也是我国现代贵金属币的重要组成部分。2017年纪念币新品的市场整体走势跌破批发价的现实，已经向管理层和国有专营企业提出一系列重要问题：纪念币的属性是什么？为什么要发行纪念币？纪念币到底应该如何发行与销售？如果对上述根本问题没有明确和统一的认识，纪念币的市场就很难有大的发展。

我国的纪念币是一种以货币形式出现、以贵金属为载体、用于收藏或投资的商品，不具备货币流通职能。这种商品与其他商品的根本区别是由政府面对公众垄断发行，在经济上属政府行政资源类产品。

发行纪念币的根本目的是反映国家意志，宣传国家发展，弘扬中华文化，丰富钱币市场，落实藏金于民。

纪念币的发行应该以市场为导向、以服务收藏投资为宗旨、以"三公原则"为基础、以利益均衡为路径，实现科学有序发展和市场繁荣。

我国金币市场的发展艰难曲折，在改革中不断前行。面对弱市，当前又一次遇到改革发展的关键节点。如何以供给侧的结构性改革为主线，真正实现以收藏投资者及消费群体为中心的发展思想，发展模式如何从速度规模型向质量素质型转变，努力改善市场的生态环境，实现市场参与者的利益均衡，已经成为当前急需解决的重大问题。

发展我国的金币市场，要进行发行管理体制的改革，彻底改变政府行政资源的企业化运作模式，建立制定中长期发展规划的更高决策机制，组成由管理层、国有专营企业、专家智库和收藏投资者参加的全新决策机制。同时进一步加强对垄断经营企业的全面监管，改革对国有专营企业的业绩考核机制，经营理念向以服务职能为主的方向转变。

发展我国的金币市场，纪念币要采取适度短缺的发展战略，不能为发行而发行，更不能仅为实现国有专营企业的短期盈利目标而发行。我国纪念币的题材资源也是宝贵的文化资源，要善待这些资源，合理规划这些资源，不易乱砍乱发，给后人带来发展窘境。要按照工艺和艺术品市场价值的形成规律办事，争取把每一个项目及币种都设计铸造成专家和最终购买群体都满意的钱币精品，同时成为收藏投资的佳品。

发展我国的金币市场，要加强一级市场零售指导价形成机制的改革，施行有监管的国有专营企业自主定价，实现定价程序的合法合规。这种有监管的企业自主定价一方面要避免垄断企业形成暴利，促成让垄断企业通过努力后获取社会平均利润，同时更重要的是让利于民，让广大收藏投资者有机会获得更好的经济回报。改革目前的定价机制是实现金币市场"三公原则"的基础，如果没有这一基础，将有违发行纪念币的初衷。

发展我国的金币市场,要进行一级市场零售体系的改革。一级市场销售体系的顶层设计,是要保证广大收藏投资和消费群体能够顺畅买到经过合法程序定价的一手纪念币,坚决避免其他利益集团提前透支市场预期,从销售体系的设计上保护公众利益。为此应该进一步加大面对公众的直销比例,银行实现代销制,优胜劣汰目前的特许经销体系,同时调整一级市场经营者的利益分配格局,使一级市场的销售秩序处于有效的管控之下。

发展我国的金币市场,还要关注二级市场的建设与发展。市场实践证明,我国金币市场中的一级市场和二级市场是一个有机整体,没有活跃的二级市场,就不可能有持续发展的一级市场。目前二级市场的突出问题是变现难,效益效率低和信息透明度不高。逐步解决这些问题关键是采用经济手段,由管理层主导,大力开展综合交易平台的建设与发展。这是我国金币市场的基础设施,就像政府引导修路建桥一样,只有我国金币市场的基础设施丰富有效,才能活跃二级市场,从而利好一级市场的繁荣和发展。

我国金币市场的价格起伏受到多种因素影响,既有外因也有内因。面对当前的市场弱市,人们应该在肯定发展成绩的同时,以问题为导向,积极认真总结经验,真正进行供给侧的结构性改革,为今后的市场启动打下新基础,提供新希望。

第二节 2017年大盘发行存量分析

2017年大盘发行存量也称2016年大盘,是指中国人民银行1979~2016年发行现代贵金属币的集合。对2017年大盘发行存量的分析主要包括总体分析、纪念币内部结构变化及成因分析、市场变化的主要特点以及分析小结。

在本节的部分内容中引入了"价格变化能力系数（X 值）"指标。这个指标的基本原理是，将 2016 年大盘的价格变化幅度作为相对基数并设定为 1，用其他板块的价格变化幅度与这个相对基数进行对比。当某一细分板块的 X 值大于 1 时，说明该板块的价格变化幅度优于 2016 年大盘平均值，对价格变动有正向作用，数值越大正向作用越大。反之说明该板块的价格变化幅度劣于 2016 年大盘平均值，对价格变动有反向作用。

一、总体分析

（一）总体指标分析

在本书第一章第三节中，已经对 2016 年大盘的数据进行了详尽披露。为深入分析 2016 年大盘的市场运行状况，现将其中的重要数据进行了汇总，见表 3-3。

表 3-3　　　　　　2016 年大盘主要评价指标变化统计分析

分析指标		2017 年数据	2016 年数据	2017 年与 2016 年相比变化幅度（%）
市场价总值（亿元）		1 367.17	1 418.92	-3.65
评价投资价值的相对指标	市场价/变动成本（S/BD 值）	1.410	1.616	-12.73
	CPI 比较值（CBZ 值）	1.464	1.702	-13.98
	存款利率比较值（LBZ 值）	0.984	1.101	-10.58
	货币贬值系数比较值（HBZ 值）	0.730	0.793	-8.01
	综合收藏投资价值指标（BH 值）	7.996	8.604	-7.07

注：变化幅度的数据经表格原始数据计算而得。

如表 3-3 所示：

1. 2016 年大盘的市场价总值 1 367.17 亿元，与 2016 年相比下降

3.65%。此数据说明,在2017年中发行存量的价格走势没有延续2016年微幅上涨的走势,再次掉头向下,继续探底。

2. 2016年大盘的贵金属变动成本溢价率(俗称料价比)为1.410,与2016年相比下降12.73%。此数据一方面说明与贵金属变动成本相比,2016年大盘整体溢价程度41%,同时显示在多种因素的共同作用下2016年大盘的货币溢价值继续降低。

3. 2016年大盘的CBZ值、LBZ值、HBZ值和BH值分别为1.464、0.984、0.730和7.996,2017年与2016年相比相比分别下降13.98%、10.58%、8.01%和7.07%。这组数据说明,2016年大盘的收藏投资价值在全面减弱,并且没有跑赢同期存款利率和货币贬值速度。

综合以上数据:2017年整个金币市场的交易价格继续下行,与2016年相比全部评价指标都在偏弱,正在继续探底。

(二)价值结构分析

我国现代贵金属币的价值结构由贵金属价值和货币溢价因素构成。2016年大盘价值结构的状况和变化见表3-4。

表3-4　　2016年大盘价值结构变化统计分析

分析指标	2017年	2016年	2017年与2016年相比的变化幅度
变动成本占比(%)	70.91	61.89	14.59
货币溢价值占比(%)	29.09	38.11	-23.69

如表3-4所示,由于2017年主要贵金属价格小幅区间震荡,同时现代贵金属币的市场交易价格整体下行,使2016年板块内部的价值结构继续发生变化。从整体看货币溢价率的权重在下降,贵金属价值的权重在提高。数据表明,衡量现代贵金属币价值与普通贵金属价值的差异指标在变弱。

(三) 内部结构分析

1. 投资币与纪念币的结构权重及变化

投资币与纪念币的结构权重及变化见表 3-5。

表 3-5　　　　　　　　　　2016 年大盘两大币种结构及变化分析

分析指标	2016 年大盘			贵金属变动成本溢价率（S/BD 值）			价格变化能力系数（X 值）
	2017 年市值（亿元）	2016 年市值（亿元）	2017 年与 2016 年相比的变化幅度（%）	2017 年	2016 年	2017 年与 2016 年相比的变化幅度（%）	
2016 年大盘	1 367.17	1 418.92	-3.65	1.41	1.62	-12.73	1.000
投资币	686.98	684.71	0.33	1.10	1.23	-10.38	1.091
纪念币	680.19	734.21	-7.36	1.96	2.28	-14.02	0.496

如表 3-5 所示，在 2016 年大盘的市场价总值中，投资币占比为 50.25%，纪念币占比为 49.75%，投资币的权重大于纪念币。在 2017 年市场价格的变化中，投资币录得整体微弱上涨 0.33%，对 2016 年大盘市场价格的变化具有正向贡献，纪念币录得下降 7.36%，对 2016 年大盘市场价格的变化具有负向拉拽。另外，与 2016 年相比，投资币和纪念币的贵金属变动成本溢价率（S/BD 值）都在下降。数据表明，拉动 2016 年大盘市场交易价格下降的主要原因是纪念币的整体交易价格在继续走低。

2. 上涨币种和下跌币种分析

2016 年大盘内部上涨币种和下跌币种的分析见表 3-6。

表 3-6　　　　　　　　　　2016 年大盘内部涨跌币种分析

分析指标	币种数量（枚）	市场价总值			市场价格涨跌能力
		2017 年（亿元）	2016 年（亿元）	2017 年与 2016 年相比的变化幅度（%）	
合计	2 149	1 367.17	1 418.92	-3.65	1.000
上涨币种	693	588.03	545.32	7.83	1.825
下跌币种	1 456	767.39	861.84	-10.96	0.548

如表 3-6 所示，在 2016 年大盘内部不同币种的交易价格呈现涨跌互现的局面。其中，上涨币种 693 枚，占币种总量的 32.25%，相应的市场价总值上升 7.83%，价格变化能力系数（X 值）为 1.825，对 2016 年大盘市场交易价格的变化具有较大的贡献。与此同时，下跌币种 1 456 枚，占币种总量的 67.75%，相应的市场价总值下降 10.96%，价格变化能力系数（X 值）为 0.548，对 2016 年大盘市场交易价格的变化产生了较大的负面拉动。数据表明，在 2016 年大盘市场交易价格的变化中，下跌的总能量大于上涨的总能量。

3. 币种的不同零售指导价价溢价率价格涨跌分析

币种的不同零售指导价价溢价率（S/L 值）价格涨跌分析见表 3-7。

表 3-7　币种的不同零售指导价溢价率（S/L 值）对 2016 年大盘价格涨跌的作用分析

零售价价溢价率（S/L 值）分布区间	币种枚数（个）	价格变动			价格涨跌能力
		2017 年板块市值（亿元）	2016 年板块市值（亿元）	2017 年与 2016 年相比的变化幅度（%）	
2016 年大盘	2 149	1 367.17	1 418.92	-3.65	1.000
100≤零售价溢价率	20	11.37	10.81	5.15	1.413
50≤零售价溢价率<100	34	22.32	23.87	-6.49	0.360
25≤零售价溢价率<50	76	34.91	29.20	19.53	6.356
10≤零售价溢价率<25	229	108.66	116.13	-6.44	0.362
5≤零售价溢价率<10	407	239.67	244.25	-1.88	0.660
1≤零售价溢价率<5	998	469.19	495.62	-5.33	0.406
零售价溢价率<1	385	481.06	499.03	-3.60	0.503

如表 3-7 所示，在 2016 年大盘中，一些增值幅度较高的币种（零售价溢价率大于等于 100）和增值幅度处于中间状态的币种（零售价溢价率小于 50 大于等于 25），市场交易价格在上涨，对 2016 年大盘市场交易价格的变化具有正向贡献。但是币种大多数统计口径的零售指导溢价率在继续下降，对 2016 年大盘市场交易价格的变化具有较大负向贡献。

数据表明,一些极少数被市场追捧的现代贵金属币精品的交易价格在继续上涨,而增值幅度较低币种的交易价格在继续下跌,呈现出强势恒强和弱势恒弱的市场交易价格变化规律。

4. 跌破零售指导价币种分析

跌破零售指导价币种按时间区间划分和按材质及规格划分的分析见表 3-8 和表 3-9。

表 3-8 按时间划分的跌破零售指导价币种分析

时间	跌破发行价币种合计(枚)	同期发行币种总数(枚)	跌破发行价币种占比(%)
2006 年	8	43	18.60
2007 年	11	94	11.70
2008 年	16	49	32.65
2009 年	16	46	34.78
2010 年	36	54	66.67
2011 年	50	64	78.13
2012 年	51	56	91.07
2013 年	43	53	81.13
2014 年	42	64	65.63
2015 年	42	71	59.15
2016 年	50	63	79.37
合计	365	657	55.56

表 3-9 按材质和规格划分的跌破零售指导价币种分析

币种重量规格	跌破发行价币种合计(枚)	同期发行同类币种总数(枚)	跌破发行价币种占比(%)
大及特大金币	19	48	39.58
大及特大银币	24	39	61.54
中等规格金币	41	57	71.93
中等规格银币	29	43	67.44
一般及小规格金币	143	237	60.34
一般及小规格银币	109	233	46.78
合计	365	657	55.56

如表3-8和表3-9所示，在2016年大盘中，市场交易价格跌破零售指导价的币种主要集中在2006~2016年，其中不少统计口径的占比数据惊人。数据表明，近些年广大收藏投资者及消费群体不但没有获取收藏投资的比较优势，反而经济损失惨重，这应该是收藏投资及消费群体流失和入市资金匮乏的重要经济原因。

5. 2011年大盘走势分析

如本书第一章第三节中的图1-16和表1-22所示，我国金币市场的这次深度调整是从2011年开始的，扣除相应发行增量后，2017年与2011年同比下跌37.96%，市场牛市时形成的泡沫和聚集的风险已经充分释放，到2017年已经开始初步止跌企稳。另外可以看到，按零售价总值计算，2012~2016年新增币种的零售指导价总值459.51亿元。假定市场交易价格保持不变，存量与增量合计应为20 398.32亿元，而目前2016年大盘市值仅有1 367.17亿元，两者差值671.15亿元。此数据表明，在2016年大盘中已有接近700亿元的市值蒸发。

二、纪念币内部结构变化及成因分析

鉴于投资币的价格与贵金属价格的变化密切相关，以下主要分析纪念币的内部结构变化及成因，主要包括时间板块、贵金属材质板块、项目题材板块、重量规格板块和精品板块。所谓精品板块是在《中国现代贵金属币文化艺术问卷调查分析报告》定义的新概念，包括老精稀和新精品，它们的名录详见已经由中国财政经济出版社发行的《中国现代贵金属币文化艺术问卷调查分析报告》一书。纪念币内部结构变化及成因分析见表3-10。

如表3-10所示：

第一，从时间板块看，所有时间区间币种的整体交易价格均在下跌，并且随着时间区间的临近，币种下跌幅度总体持续加大。其中，特别是

表 3-10　　2016 年大盘中纪念币不同板块价格变化分析

分析指标			2016 年大盘			价格变化能力系数	文化艺术评价值
			2017 年	2016 年	变化幅度（%）		
2016 年大盘			1 367.17	1 418.92	-3.65	1.000	27.648
纪念币		纪念币整体	680.19	734.21	-7.36	0.496	27.732
	时间	1979~1999 年	247.96	257.67	-3.77	0.968	28.219
		2000~2005 年	107.23	117.15	-8.47	0.431	28.297
		2006~2011 年	140.77	153.77	-8.45	0.431	26.667
		2012~2016 年	184.23	205.62	-10.40	0.351	26.065
	材质	金币	425.11	444.13	-4.28	0.852	27.948
		银币	239.11	274.24	-12.81	0.285	27.530
		铂币	9.82	9.93	-1.11	3.295	28.091
		钯币	0.79	0.76	4.38	2.202	25.981
		双金属币	5.36	5.15	4.08	2.119	29.062
	题材	熊猫	126.33	130.83	-3.44	1.062	26.090
		生肖	207.80	234.80	-11.50	0.317	28.314
		事件	69.66	75.18	-7.35	0.496	27.108
		人物	29.34	30.61	-4.15	0.879	27.331
		文化	153.60	166.32	-7.65	0.477	29.043
		体育	33.69	34.78	-3.14	1.162	26.220
		风景	43.71	45.83	-4.62	0.789	28.137
		动物	3.70	3.89	-4.92	0.741	26.383
		其他	12.35	11.96	3.27	1.896	26.612
		佛教	60.17	63.57	-5.35	0.681	29.298
		古科	8.29	8.96	-7.54	0.483	29.932
		麒麟	6.42	6.60	-2.67	1.368	28.664
		青铜器	8.33	8.91	-6.55	0.557	28.276
		中国画	17.30	18.17	-4.82	0.756	29.965
		名著	26.39	28.67	-7.96	0.458	29.255
		戏曲	12.65	13.99	-9.55	0.382	28.866
		贺岁	10.65	13.18	-19.18	0.190	26.852

续表

分析指标			2016年大盘			价格变化能力系数	文化艺术评价值
			2017年	2016年	变化幅度（%）		
纪念币	规格	特大	11.98	11.75	1.92	1.527	28.398
		大	75.18	78.02	-3.64	1.002	28.075
		中	140.31	148.50	-5.51	0.662	28.334
		一般	440.47	482.97	-8.80	0.415	27.574
		小	9.24	9.98	-7.40	0.493	27.286
	精品	老精稀	109.58	111.79	-1.98	1.844	29.526
		新精品	54.24	56.38	-3.80	0.959	29.481

在 2012～2016 年的时间区间内，下跌幅度高达 10.40%，数据说明，2012～2016 年是币种交易价格下跌的重灾区。

第二，从贵金属材质板块看，双金属币板块和钯币板块录得上涨，铂币录得微弱下降，金币和银币板块下跌幅度较大，其中，银币板块的下跌的幅度最大，达到 12.81%。分析不同贵金属材质板块交易价格变化的原因：①钯币的上涨与金属钯价格的大幅上涨密切相关。②双金属币交易价格上涨的主要原因是，2017 年再次发行了一枚双金属币，双金属币板块重新受到市场关注，在入市资金的带动下，交易价格上涨。③从一般情况看，银币板块的货币溢价率相对较高，价格泡沫较大，因此必然在弱市中价值回归的幅度也较大。银币板块的案例说明，在牛市时市场交易价格的泡沫越大，在熊市时价格回调的幅度也将越大。

第三，从项目题材板块看，除"其他"板块交易价格录得上涨外，其他项目主题块均的市场交易价格呈现程度不同的下降。其中"贺岁币"板块录得的下降幅度最大，紧随其后的分别是"生肖币"和"戏曲艺术"板块。在下跌幅度较小的板块中，"麒麟币""体育币"和"熊猫币"排在前列。分析不同项目题材交易价格变化的原因：①首先呈现出不同贵金属材质交易价格变化的相似规律，即市场交易价格的泡沫越大，价格下跌的幅度也就越大，反之市场交易价格的泡沫越小，价格下跌的幅度也就越小，这里的典型案例是"贺岁币"板块。②面对弱市，从不同项目题材板块的整体市场表现看，较少有异军突起的情况出现，说明不管是什么板块或币种在弱市中都很难独善其身。③分析"其他"板块上涨的原因，在这个板块内，纳入了一些无法明确归入其他项目题材的币种，例如一些国际活动和国家友好年的币种，而这个板块的总体量较小，其中有些币种的市场交易价格在2017年上涨幅度较大，例如国际儿童年和中新友好等，对整个"其他"板块产生了拉动作用。

第四，从币种的重量规格板块看，特大规格币种的市场交易价格在小幅上涨，并且随着重量规格的变小，其他统计口径呈现下降幅度加大的趋势。分析形成这种状况的原因，可能与不同重量规格板块的发行总数量相关，呈现出物以稀为贵的价值规律。由此说明尽管在弱市中一般币种普遍下跌的情况下，市场价值越高的币种下跌幅度也会越少。

第五，从文化艺术价值评价得分与项目题材板块价格变化的对比分析看，能够受到社会普遍认同的具有较高文化艺术价值的项目题材板块，在弱市中的市场交易价格的下降幅度一般也较小，例如"老精稀""新精品""中国画""佛教"和"古科"等板块。数据说明，具有优秀文化艺术价值内涵的项目题材或币种，一般都能够得到广大收藏投资及消费群体的普遍关注，在供需关系的作用下，交易价格的市场表现一般都相对比较抗跌或稳定上涨。

第六，从表3-10呈现的情况看，对2016年大盘市场交易价格具有最大正向贡献的10个不同的分类板块依次是："铂币""钯币""双金属币""其他""老精稀""特大规格币种""麒麟""体育""熊猫"和"大规格币种"。对2016年大盘市场交易价格产生最大负面影响的10个不同分类板块依次是："贺岁""银币""生肖""2012~2016年区间""戏曲""一般重量规格""2000~2005年区间""2006~2011年区间""名著"和"文化"。

三、市场变化的主要特点

(一) 交易价格继续探底

2016年整个大盘已有微弱止跌企稳迹象,但是进入2017年以后,在内外多种因素的共同作用下,没有出现往年一直存在的小阳春现象,而是从年初开始就掉头向下运行,到年中时2016年大盘录得4.16%的下跌,年底时虽有小幅回调,但仍以下跌3.65%的幅度结束了2017年的行情。从目前的实际情况看,整个市场仍然处于阴跌状态,何时开始企稳回升值得密切关注。

(二) 大盘内部涨跌互现

虽然2016年大盘整体下行,但内部呈现涨跌互现格局。具体的分化走势是:①投资币微幅上涨,纪念币继续下行。②2000年之前发行的币种有企稳迹象,2012~2016年发行的币种继续大幅下挫。③双金属币和钯币上涨,金币银币下跌。④特大规格金币开始企稳并上涨,其他重量规格的币种在下跌。⑤一些社会普遍认同的精品尽管绝对价格不低,但市场交易价格仍在上行。而发行量和存世量较大的币种,交易价格继续走弱。⑥面对弱市虽然涨跌互现,但下跌币种的总能量大于上涨币种的总能量。

从上涨或下跌的币种看,已经显示出一些明显规律:①具有优秀文化艺术价值的币种已经处于底部区间,即使在弱市中也有小幅下调,但幅度有限。②在牛市时价格泡沫越大的币种下跌幅度越大,而价格泡沫较小的币种下跌幅度也相对较小或止跌反弹。实际上,"一只无形之手"一直在发挥作用,在用市场机制调控币种的市场价格围绕价值上下波动。

（三）收藏投资价值继续走弱

随着 2016 年大盘市场交易价格的总体走低和主要宏观经济指标的恒定上涨，2016 年大盘的 CPI 比较值（CBZ 值）、存款利率比较值（LBZ 值）、货币贬值速度比较值（HBZ 值）和评价收藏投资价值的综合指标（BH 值）持续走低，其中 LBZ 值和 HBZ 值已经小于 1，在与宏观经济指标的赛跑中处于弱势。特别是 2006～2016 年跌破零售指导价的币种占比较大，这些币种很难谈及收藏投资收益。以上数据一方面已经对现代贵金属币的收藏投资比较优势发出严正警示，另一方面也揭示出收藏投资群体减少和入市资金减弱的主要原因。

（四）交易效率稳步提升

兑现难、交易效率低和市场信息透明度不高一直是制约市场发展扩大的重要原因。随着网络交易渠道的不断发展和扩大，2016 年大盘的市场交易效率有所提升，成交顺畅的币种已经接近 50%，对有效实现现代贵金属币的价值转换起到了积极作用。

四、分析小结

与其他收藏品一样，在市场预期作用下市场交易价格的周期性波动也是我国金币市场运行的最基本规律之一。在资本风险偏好驱动下，价格会围绕价值上下波动出现过度反映。当资本冲动时，极易形成价格虚高的牛市，由此伴生出价值回归的市场动力。在价值回归过程中，由于资本的冷漠，也会出现价格超跌的熊市，同时孕育市场回升的动能。即没有只涨不跌的市场，也没有只跌不涨的市场。这就是我国金币市场周期性波动的本质。

我国的金币市场已有长达六年多的深度震荡和调整。从当前市场的总体运行情况看，2016年大盘内部不同板块和币种已经开始出现明显的分化走势，虽然上涨的总能量小于下跌的总能量，但是多空对抗的格局正在悄悄发生变化，市场正在逐步形成筑底态势，只要不出现不可预料的特殊因素，今后我国的金币市场有可能出现持续一段时间的底部行情，但大幅反转的概率仍然较低。

第一，人们应该看到，影响我国金币市场价格周期性波动的主要原因是市场预期。虽然我国金币市场的总市值已经接近1 500亿元，但是从目前整个国家特别是收藏品市场的总容量看，规模不能算大。实际上只要设法激活市场，不需要很大的资金就能带动大盘启动和上涨。而问题的关键是如何形成现代贵金属币收藏投资价值的比较优势和正向的市场预期，由此可见当前我国金币市场缺少的不是资金，而是市场信心。人们可以相信，随着市场的深入发展，各个层级的市场参与者都会努力进行改革和创新，进一步解决影响市场信心的结构性问题，恢复和提振对市场发展的预期已经不会非常遥远。

第二，人们也应该看到，虽然市场参与者都希望大盘迅速好转，但是受到多种条件制约，我国的金币市场不会出现"V"形反转，行情甚至还有可能出现反复和震荡，对此人们也应该做好充分的思想准备。面对弱市，人们应该以客观的心态分析认识当前形势，将防范风险放在首位。同时也要看到希望、树立信心，用积极的心态把握市场脉搏，耐心等待市场全局性回升的春天。从具体操作看，应密切关注黄金价格的走势，以及黄金价格波动对金币市场的影响。对具有优秀文化艺术价值的币种和超跌板块，找准机会建仓买入。对仍有下跌空间的板块或币种保持警惕，精准判断它们的底部区间。只要同时保持胆略和谨慎，积极参与到金币市场的收藏投资活动之中，在今后的牛市到来时就一定可以获得精神享受和经济回报的双丰收。

综上所述，今后我国金币市场的总体走势将进一步夯实底部，并开始形成逐步向好的市场基础，等待内外环境和条件具备时，才有可能稳步回升，这个过程可能还要持续一段时间。因此，面对困难与希望、风险与机遇，人们不应丧失信心，要密切观察市场动向，审时度势，一方面要注意防控风险，另一方面也要善于发现机会。要从长远发展着眼，认清中国金币市场发展的大方向，聚集正向能量和预期，为市场的复苏做好充分准备。

第四章 市场热点分析

第一节 电子交易平台

我国的第一家邮币卡电子交易平台于 2013 年 10 月出现,在此之后疯狂发展。这些邮币卡电子交易平台大致分为两种交易模式。第一种是"有限上市、有限托管"模式,简称"邮币卡电子盘 1.0"。第二种主要实行"放开托管、随进随出"的交易模式,简称"邮币卡电子盘 2.0"。截止到 2017 年 6 月 30 日,与现代贵金属币相关的邮币卡电子交易平台统计资料见表 4 – 1。

表 4 – 1　　　　　2017 年中期电子交易平台运行状况统计

分析指标	交易平台类型	2017 年 6 月 30 日
平台数量(个)	1.0	25
	2.0	1
交易代码数量(个)	1.0	140
	2.0	490
上线币种数量(个)	1.0	122
	2.0	598

续表

分析指标	交易平台类型	2017年6月30日
上线托管数量（万枚）	1.0	322.75
	2.0	31.00

备注：以上统计数据以 2017 年 6 月 30 日的实际交易数据为准。

这些邮币卡电子交易平台特别是其中的"邮币卡电子盘 1.0"缺乏有效的行政监管，因此在交易模式的顶层设计上存在根本性缺陷和自我约束较差的问题。其中，有不少的平台打着所谓"互联网＋"和交易模式创新的旗号，设置违法违规的"交易规则"和圈套，以交易筹码的投机炒作为上，疯狂圈钱抢钱，市场风险不断聚集。面对这种零和的金钱游戏，广大不明真相的普通参与者损失惨重，甚至倾家荡产，对社会稳定和场外市场造成很大伤害，存在重大瑕疵的特性彰显无疑。

面对邮币卡电子交易平台存在的上述突出问题，2017 年 1 月 19 日，清理整顿各类交易场所部际联席会议第三次会议在北京召开。对清理整顿这些交易场所的工作做出动员和部署。8 月 2 日，清理整顿各类交易场所部际联席会议发出"邮币卡类交易场所清理整顿专题会议纪要"的通知（清整联办〔2017〕49 号），对清理整顿邮币卡类交易场所做出进一步部署。

回顾 2017 年的清理整顿工作，管理层果断出手遏制了这种邮币卡电子交易平台的无序发展态势，得到社会公众的普遍支持。到目前为止，绝大部分与邮币卡相关的交易场所已经停业整顿或退市。当然，清理整顿工作也不是一帆风顺，在清理整顿过程中受到各种不良资本的围攻，试图延长这种违规交易模式走向灭亡的时间，上演了一出出干扰闹剧。尽管存在一些杂音，但是目前的清理整顿工作正在向着预定的目标前进。

关于邮币卡电子交易平台对我国金币市场的影响，从最初的发展态势看，似乎有一些积极作用，主要体现在一些滞销的现代贵金属币作为筹码进入了电子交易平台,暂时减轻了现货市场的压力。但是它的消极作用更不可小视,主要体现在由于部分资金进入了邮币卡电子交易平台,进一步稀释了场外的入市资金,给本以虚弱的市场造成损伤。特别是随着清理整顿工作的展开,一些滞销的现代贵金属币返回市场,并以极低的价格进行处理,使2017年的金币市场出现了补跌行情。我国金币市场2017年的继续走弱不能说与电子交易平台没有关系。在这里还需要特别关注的是,截止到2017年6月30日,在邮币卡电子交易平台内囤积的350多万枚现代贵金属币筹码中还有相当一部分没有返回现货市场。一旦这些现代贵金属币重回现货市场,将有可能继续拉低市场走势。

面对当前的情况,这次清理整顿邮币卡电子交易平台的工作还没有最后结束。经过清理整顿后的邮币卡电子交易平台将以何种监管规则和交易模式面对社会和公众值得关注。另外,近期在某大型商业网站上出现了一种类似"邮币卡电子盘2.0"模式的邮币卡电子交易平台,其中也有极少数现代贵金属币上线交易。由于这家邮币卡电子交易平台刚刚上线运行,信息透明度较低,需要密切关注其动向和发展。

第二节 钱币鉴定评级

2017年我国的钱币鉴定评级市场继续发展,出现了一些新变化和新动向,同时也存在一些亟待解决的问题。在本报告第二章第一节中已经对2017年钱币鉴定评级市场发展的基本数据进行了详尽披露,以下将从市场变化、新动向与问题,以及如何健康稳定发展等方面进行分析。

一、市场变化分析

（一）钱币鉴定评级总量结构变化

2017 年我国钱币鉴定评级市场的规模继续扩大，同时内部结构也发生了一些新变化。对这种变化的分析见图 4-1 和表 4-2。

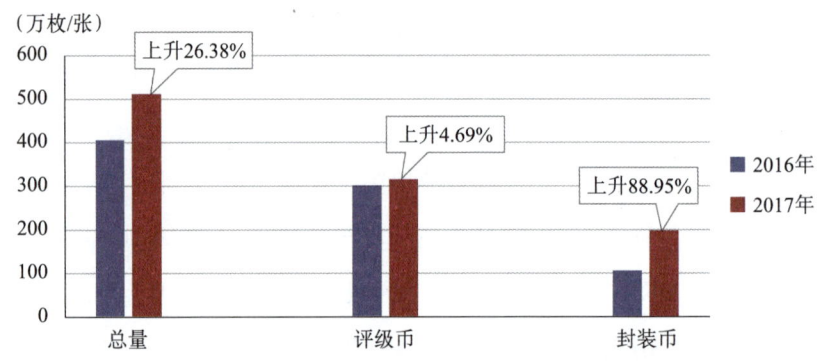

图 4-1　2017 年全部钱币鉴定评级数量结构变化分析

表 4-2　　　　　2017 年钱币鉴定评级总量结构变化分析　　　　单位：万枚

年度	总量	评级币	封装币
2016 年	403.28	299.46	103.82
2017 年	509.66	313.50	196.16

如图 4-1 和表 4-2 所示，2017 年我国钱币鉴定评级的总量为 509.66 万枚，与 2016 年相比增加 26.38%。从内部结构看，封装币的增长幅度高达 88.95%，大大高于评级币的增长速度，这是不同于往年变化规律的最大特点。

（二）现代贵金属币鉴定评级结构变化

1. 鉴定评级总量结构变化

2017 年现代贵金属币鉴定评级总量结构变化的分析见图 4-2 和

表4-3。

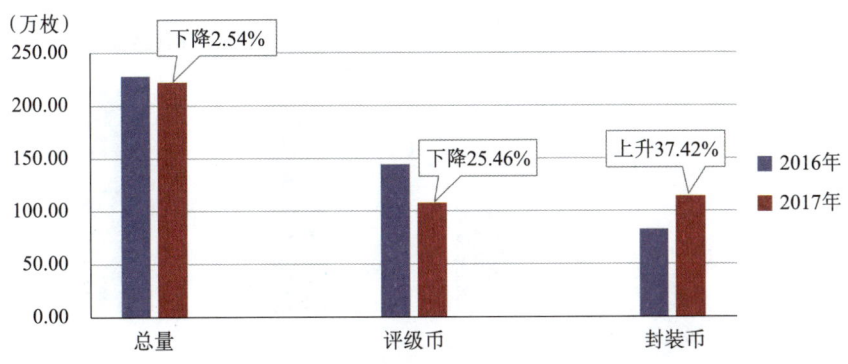

图4-2 2017年现代贵金属币鉴定评级结构变化分析

表4-3　　2017年现代贵金属币鉴定评级结构变化分析　　单位：万枚

年度	总量	评级币	封装币
2016年	228.26	145.06	83.20
2017年	222.46	108.13	114.34

注：该数据由原始数据计算而得。

图4-2和表4-3所示，2017年现代贵金属币鉴定评级总量的结构变化与全部钱币鉴定评级总量的结构变化既有不同点也有相同点。从不同点看，2017年现代贵金属币鉴定评级总量为222.46万枚，与2016年相比不增反降2.54%，这与全部钱币鉴定评级总量的变化方向是不同的，带动总量下降的原因是评级币的总量下降了25.46%。从相同点看，2017年与2016年相比封装币总量同步上涨37.42%。

在这里值得注意的是，尽管2017年现代贵金属币的鉴定评级总量下降，但正如本报告第二章第一节中表2-1显示的数据，现代贵金属币的鉴定评级总量和其中的评级币与封装币，仍然是全部钱币相应结构的主体。

2. 鉴定评级总量年度变化

（1）2014~2017年现代贵金属币评级币总量年度变化的分析见图4-3、表4-4和图4-4、表4-5。

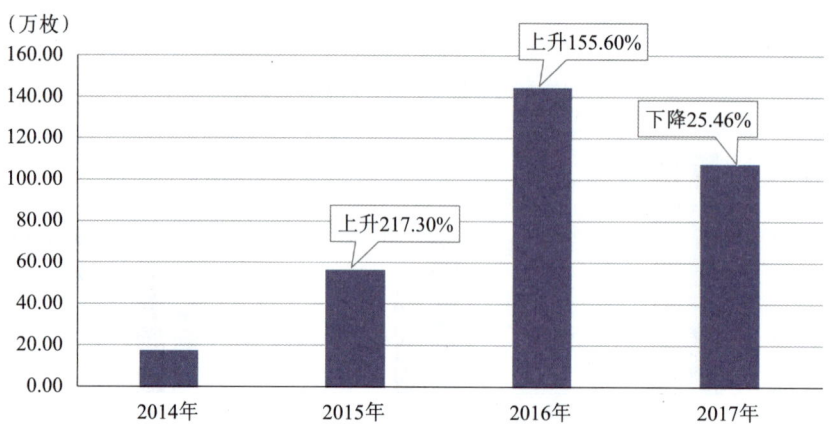

图4-3　2014~2017年现代贵金属币评级币变化分析

表4-4　　　　2014~2017年现代贵金属币评级币总量变化分析

时间	2014年	2015年	2016年	2017年
总量（万枚）	17.89	56.75	145.06	108.13

如图4-3和表4-4所示，2014年之后现代贵金属币评级币总量的年度规模迅速增长，但到2017年时年度总规模开始第一次掉头向下。

（2）2014~2017年现代贵金属币封装币总量年度变化的分析见图4-4、表4-5。

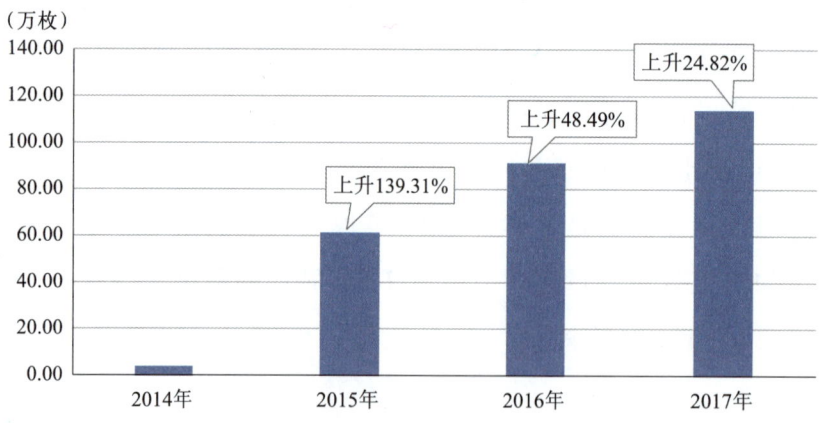

图4-4　2014~2017年现代贵金属币封装币变化分析

表4-5　　　2014~2017年现代贵金属币评级币总量变化分析

年度	2014	2015	2016	2017
总量（万枚）	4.13	61.69	91.61	114.34

如图4-4和表4-5所示，作为一种新的钱币鉴定评级产品，四年来封装币持续保持快速增长态势，总量规模不断扩大。

数据显示，我国现代贵金属币评级币的发展势头正面临压力，而封装币的发展动能还在持续释放。

3. 评级币的出分结构年度变化

所谓现代贵金属币评级币的出分结构主要是指在环比情况下，在不同的送评年度中不同得分等级币种总量之间的比值关系。为简化起见，以下将主要分析70级与69级之间总量比值的年度变化情况，详见表4-6。

表4-6　　　　现代贵金属币评级出分结构年度变化分析

评级年度	70级数量/69级数量的比值
2014年之前的存量	0.60
2014年	1.16
2015年	1.20
2016年	1.88
2017年	5.13

如表4-6所示，在2014年之前的评级币总量中70分与69分的比值（70分/69分）为0.60。在此之后逐年递增，2017年时70分与69分的比值（70分/69分）已经达到5.13。为什么会出现这种情况？是正常还是反常？值得认真分析。

4. 不同发行年度币种市场交易价格差价率的变化

不同发行年度币种市场交易价格差价率的变化见表4-7。这组数据来自"中国现代贵金属币信息分析系统"中现代贵金属币2017年的拍卖成交数据，是由49 923个可对应的有效数据计算而成，计算方法采用与交易数量相关的权重法，价差率数值为中位数。为简化起见，表4-7仅展现 70~66 级的差价率情况。

表4-7　现代贵金属币不同等级币种之间市场交易价格差价率分析

环比	70~69	69~68	68~67	67~66
	均值	均值	均值	均值
大盘	1.443	1.201	1.142	1.072
1979~2014年发行币种	1.507	1.211	1.159	1.076
2015年发行币种	1.241	1.087	0.935	无数据
2016年发行币种	1.191	1.088	1.117	0.730
2017年发行币种	1.145	1.144	1.018	无数据
同比	70~无评级	69~无评级	68~无评级	67~无评级
	均值	均值	均值	均值
大盘	1.635	1.252	1.102	1.053
1979~2014年发行币种	1.849	1.313	1.113	1.060
2015年发行币种	1.225	1.156	1.079	1.203
2016年发行币种	1.269	1.111	0.955	1.096
2017年发行币种	1.242	1.082	1.030	0.876

如表4-7所示：①不管是环比差价率和同比差价率，随着对比级别的逐步降低，市场交易价格的差价率总体呈现下降趋势，符合市场规律。②从不同发行年度币种的对比看，随着币种发行时间的推进，市场交易价格的差价率表现出逐年降低的明显规律，其中，特别值得关注的是，在环比差价率中70分与69分的比值（70分/69分）下降幅度较大。③由于不同币种差价率随着时间进程的降低，也拉动了2017年大盘整体数据的下降。形成以上数据的原因值得分析思考。

二、市场中出现的新动向和问题

（一）鉴定评级机构继续增加，市场竞争加剧

按照具有工商行政登记、具有专业网站和鉴定评级币可查询的原则

计算，2017 年的各种钱币鉴定评级公司共有 46 家，与 2016 年相比增加 84%，实际上还有很多无法准确查询的钱币鉴定评级公司存在，据说这部分公司的数量不容小视。

当前面对我国钱币鉴定评级市场巨大的市场发展潜力，各种资本不断涌入，试图瓜分这个市场的盈利蛋糕。从整体上看，加大市场竞争是好事，它将有利于提高钱币鉴定评级公司的素质和自律意识，提高服务质量，降低鉴定评级费用和加大消费终端的选择权。这种竞争态势的优势已经在 2017 年的市场中有所表现，对不少钱币鉴定评级公司来说，消费受众的体验度正在不断提高。

但是在钱币鉴定评级市场缺乏有效监管的环境下，激烈的市场竞争也暴露出市场的无序和乱象。目前在众多的钱币鉴定评级公司中鱼龙混杂，既有整体素质较高的公司，也存在整体素质较低的公司；既有通过优质服务获取经济回报的企业，也有投机取巧和诚信低下的骗钱企业，其中，更有少数专门制假贩假的不法商贩扰乱市场秩序。这些市场乱象已经对我国钱币鉴定评级市场的发展造成伤害，问题比较突出。如不加强市场的有效监管，将很有可能造成钱币鉴定评级市场的萎缩甚至停滞。

（二）送评结构发生变化，市场推销力度加大

从过去的一般情况看，钱币的鉴定评级主要是普通收藏投资者的主动行为。但是近年来特别是 2017 年，商业机构成批送评的占比正在迅速增加，已经成为整个年度增量中的绝对主体。这是 2017 年钱币鉴定评级市场中出现的又一个新动向。

在以往的情况下，推广鉴定评级币主要依靠钱币鉴定评级公司自身的力量，而大量商业机构的介入，对市场的扩大具有重要作用。这些商业机构不是钱币鉴定评级的源头，而是连接钱币鉴定评级公司与消费终端的中间环节。由于这些商业机构的介入，使得钱币鉴定评级产品的社会影响力大幅提高。

对于整个社会来讲，钱币的鉴定评级还是一个新生的收藏品，一般民众对它们的认知和对市场的变化规律还知之甚少。正是利用信息的不对称，有些商业机构违反市场规律，过分夸大增值预期，在市场中高价倾销鉴定评级币，疯狂赚取短期利益，严重侵害消费终端的利益，将对市场的长远发展造成伤害。商业机构介入钱币鉴定评级发挥了正向作用，但同时也产生了一些负面问题，值得关注。

（三）评级币出分率发生变化，价值优势出现下降

从一般情况看，比较符合规律的情况应该是钱币的质量状况呈现正态分布，即质量状况较高和较低的钱币都是相对少数，而大部分钱币处于中间状态。从近些年现代贵金属币70级与69级的评出率看，70级已经逐步大于69级，甚至在2017年这种比率已经达到5.13，使人惊叹。

为什么会出现这种情况？这种情况的发生将会对现代贵金属币的鉴定评级产生哪些影响？

根据实际调查，出现这种情况应该有多方面原因：①在商业送评中，一些机构利用大单和与鉴定评级公司的特殊关系，有针对性地进行评级。即只入盒70级的产品，不够70级标准的产品自己取回，不进行装盒操作，因此在统计数据中反映出数量严重倒置。②面对市场竞争在掌握评级标准方面存在不稳定性。例如在掌握控制评级标准方面，现在与过去是否一致？在国外进行评级与在国内进行评级是否一致？目前在收藏投资者之中对某些钱币鉴定评级公司产品集中反映的所谓"老标"与"新标"之分，"美评"与"国评"之分，就已经提出这个问题。实际上市场对这个问题已经明确表态。③近些年随着铸币技术的提高，产品质量也有所改善，这对提高70级的占比可能也起到一些作用。④综合以上因素，近些年特别是2017年评级总量的70分占比大幅上升是多种因素促成的，商业机构的选择性送评应该起到了绝对重要作用，但是也不应忽视掌控评级标准的不稳定性，同时也存在铸币质量提高的因素。

实际上，由于70分与69分比值（70分/69分）的大幅连续变化，市场已经做出反应。从近些年市场交易价格价差率的变化看，70级/69级的价差率在逐年走低，特别是2017年发行币种的价差率已经下降到1.145，即70级与69级相比，加权平均的增值幅度为14.5%。这种增值幅度能否抵消送评费用，值得怀疑。

综合以上情况，近些年出现的以上送评结构变化，应该对钱币鉴定评级市场不是好事。钱币鉴定评级的本质增值服务，是按照物以稀为贵的市场法则运行的。如果评分结构出现失衡，鉴定评级分数已经不是判断价值的依据，一定会丧失市场吸引力。2017年现代贵金属币评级总量的下降是否已经为此提出警示，值得思考。

（四）封装币大幅增长，显示出市场发展的新方向

从2017年钱币鉴定评级总量和现代贵金属币鉴定评级总量的内部结构中可以看到，封装币在大幅增长。这是2017年钱币鉴定评级市场发展的又一个突出特点。

何为封装币？它是只进行钱币的真伪鉴定而不对钱币的品相进行评价的新产品。这种钱币产品一般具有认证标志，可以通过钱币鉴定评级公司的官方网站进行查询认证，被称为认证封装币（简称封装币）。这是近些年来在完整的钱币鉴定评级概念中分化出的产品。

对目前的钱币鉴定评级市场来说，评级最重要的功能是评价钱币在流通过程的质量状态。而大量的新品要解决的重点问题是在流通和交易环节的真伪辨别，实际上封装币正是为解决这个问题出现的。封装币一方面可以降低鉴定评级的成本，另一方面也可以大幅提高鉴定评级的效率，符合市场需求。近些年封装币的大幅增长已经充分说明了这点。当然封装币的市场如何健康问题发展也存在一些问题，例如进行封装的流程问题和销售价格偏高问题需要逐步解决。

（五）继续出现新的产品和服务，市场不断丰富

为扩大市场销量，近些年来钱币鉴定评级产品不断创新。在往年钱币鉴定标签不断推陈出新的基础上，2017年又出现了钱币与证书合体装帧的新产品。实际上钱币的收藏是一个完整概念，当然其中最重要的是钱币本身，但是也不应忽视证书与外包装的收藏。过去一段时间，由于出现了钱币鉴定评级，证书和外包装往往被忽视甚至丢弃。然而经过鉴定评级后，将钱币与证书的合体装帧，为实现完整的收藏理念提供了可能的解决方案，值得点赞。

在2017年中，钱币鉴定评级市场也出现了一种新的服务，就是钱币的再评级。何为钱币的再评级？其实质是某些机构对已经进行过评级的产品，进行再次评价，判断原有机构给出的分数是否合适？同时标注"过高""过低"或"合适"的标签。钱币的再评级在国外市场已经出现多年，但是在我国的钱币市场中还是新生事物。目前这项服务主要是针对流通币和流通纪念币，规模不大，尚没有形成大的气候，但是这是一种积极信号，是评价钱币鉴定评级公司工作质量的有力手段，值得密切关注发展动向。

三、市场如何健康稳定发展

自从2009年钱币鉴定评级概念正式登陆我国内地后，我国的钱币鉴定评级市场经过初期的艰难开拓，目前已经取得了较大发展。面对市场发展的巨大空间，人们要看到发展的成绩，同时也不能忽视影响市场进一步前行的问题和困难。

目前我国钱币鉴定评级市场遇到的问题方方面面，但集中到一点就是整个市场处于无人管理的完全自由状态，缺乏有效的行业引导和监管。这是我国钱币鉴定评级市场遇到的最大、最核心的问题，也是出现各种

问题和乱象的根源。要想使我国的钱币鉴定评级市场持续稳定发展，当前最重要、最紧迫的任务就是建立健全行业的引导和监管机制，弘扬正能量，抵制负能量。如果没有有效的行业引导和监管机制，解决当前我国钱币鉴定评级市场面对的问题就无从谈起。

人们应该认识到，在市场经济中通过充分的市场竞争是可以优胜劣汰的，但是仅靠这一种手段往往会付出较长的时间成本，特别是面对资本的贪婪本性，有些不良企业是绝对不会自觉收手的，因此必须采用行业管理的手段加以介入，主动引导市场少走弯路，健康发展。

加强行业的引导和管理，就要尽快建立有公信力的行业管理协会。通过这种专业的行业管理组织，明确市场准入标准，制定行业行为准则和服务规范，逐步统一目前无所适从的评级标准，定期开展评级公司之间的相互交流，统计汇总市场数据，有效整治市场乱象，鼓励行业自律，让劣质公司在市场中失去藏身的空间。而目前的问题是应该由谁发起建立这样的协会？如何较快发挥应有的作用？

加强行业的引导和管理，要解决谁给钱币鉴定评定公司评级的问题。目前在素质良莠不齐的各种公司中，都宣称自己是最好的公司，这样就给消费受众在选择鉴定评级产品时带来困惑。于是一个不可回避的问题就被提出，即谁给这些钱币鉴定评级公司进行技术和信用评价。在市场经济中，由第三方的评价机构对某些领域的公司进行某一专业的技术和信用评价是很通行的做法，这对提高服务质量和市场透明度将有积极意义。

针对我国钱币鉴定评级市场的状况，评价一个公司优劣的标准主要应该是产品的市场占有率和价值体系，对这一点不应否定。但是由于情况的复杂性，只用这一个标准往往不够全面、准确和客观。因此引入第三方评价机构对我国众多的钱币鉴定评级公司的技术和信用进行评价，应该说已经摆上议事日程。为了钱币鉴定评级市场的长期健康稳定发展，现在的问题已经不是要不要由第三方机构对众多钱币鉴定评级公司进行评价，而是由谁出面组建这样的机构以及如何进行这种评价。

组建这样的评价机构，应该摆脱各种商业利益，完全以第三方的位置出现，不能受任何关联利益裹挟，通过有效的工作树立自己公平诚信的市场形象，否则将一事无成。这种评价机构要逐步建立一套全面、完善和能够实施的评价标准，对各种鉴定评级公司的评级标准、技术水平、执行标准的稳定性、收费标准、服务能力、市场诚信和社会反馈等情况进行全面跟踪与评价，给社会大众一个清晰的指引。通过这种评价机制为市场公平竞争和优胜劣汰提供一定保证。

在我国的鉴定评级市场中，何时出现这样的机构以及如何发挥作用，人们将拭目以待。

第五章 市场分析总结

在这份报告的以上部分，系统展现了 2017 年我国金币市场运行状况的主要数据，对其中一些最重要的市场动向进行了分析。以下部分将对这些数据和分析进行全面归纳，总结市场变化的主要特点，同时研究如何实现我国金币市场的持续健康稳定发展。

一、市场运行的基本状况

（一）市场供应总量[①]

按实际铸造量计算，2017 年我国现代贵金属币的总存量为 10 397.90 万盎司，其中，投资币 4 843.93 万盎司，纪念币 5 554.97 万盎司，分别占总存量的 46.58% 和 53.42%。

2017 年发行增量 791.68 万盎司，其中，投资币 458.30 万盎司，纪念币 333.37 万盎司，分别占总增量的 57.98% 和 42.11%。2017 年发行增量与 2016 年的发行增量相比，下降 34.48%，其中，投资金币下降 33.36%，投资银币下降 46.63%，纪念币下降 9.15%。

2017 年发行存量 9 606.22 万盎司，其中，投资币 4 384.62 万盎司，

[①] 本部分数据经原始数据而得。

纪念币 5 221.60 万盎司，分别占总存量的 45.64% 和 54.36%。

(二) 市场交易价格走势

按实际铸造量计算，我国现代贵金属币 2017 年大盘的市场价总值为 1 449.28 亿元，其中，投资币 731.76 亿元，纪念币 717.52 亿元，分别占总存量的 50.49% 和 49.51%。2017 年与 2016 年相比，市场价总值增加 2.07%。

在 2017 年的发行增量中，批发价总值 85.37 亿元，零售指导价总值 90.30 亿元，年底的市场价总值 82.11 亿元。市场价总值低于零售指导价总值 9.08%，低于批发价总值 3.82%。

在 2017 年的发行存量中，市场价总值 1 367.17 亿元，其中，投资币 686.98 亿元，纪念币 680.19 亿元，分别占发行存量的 50.25% 和 49.75%。2017 年与 2016 年相比，发行存量的市场价总值下降 3.65%，其中，投资币上涨 0.33%，纪念币下跌 7.36%。

在 2017 年大盘市场价总值增加 2.07% 的内部结构中，发行增量的正向贡献 82.11 亿元，发行存量负向贡献 52.70 亿元。

与 2016 年相比，在 2017 年大盘的发行存量中，市场交易价格上涨的币种共计 693 枚，占总量的 32.25%，下跌币种 1 456 枚，占总量的 67.75%。

市场价与零售指导价对比，在 2017 年大盘发行增量中市场交易价格上涨的币种 23 枚，占总数的 32.39%，市场交易价格下跌的币种 48 个，占 67.61%。

在 2017 年大盘发行存量中，跌破零售指导价的币种共计 385 枚，占同期发行币种的 17.02%，其中在 2006～2016 年期间跌破零售指导价的币种共计 365 枚，占同期发行币种的 55.56%。

(三) 收藏投资价格指标变化

2017 年大盘变动成本溢价率（俗称料价比）是 1.404，与 2016 年相比下降 13.19%。

2017 年大盘的 CPI 比较值（CBZ 值）是 1.419，与 2016 年相比下降 12.24%。

2017 年大盘的存款利率比较值（LBZ 值）是 0.973，与 2016 年相比下降 10.75%。

2017 年大盘的货币贬值速度比较值（HBZ 值）是 0.750，与 2016 年相比下降 6.73%。

2017 年大盘的收藏投资价值综合评价指标（BH 值）是 7.960，与 2016 年相比下降 6.33%。

二、市场变化的主要特点

（一）市场的弱市特征明显

市场的弱市特征主要表现在：

①在 2017 年大盘中，虽然不同币种的涨跌互现，但从整体上看市场交易价格普遍走低，币种交易价格下跌的总能量大于上涨的总能量。

②2017 年发行增量不仅整体性跌破零售指导价，同时也跌破批发价，这是多年来没有发生过的情况。在 2017 年大盘发行存量中，破零售指导价币种的占比也在上涨。

③投资币属于以销定产类币种，2017 年投资币的销售规模大幅下降说明市场需求大幅减弱。

④2017 年大盘评价收藏投资价值的指标全面走弱，没有跑赢存款利率和货币贬值速度，收藏投资价值的比较优势进一步下降。

⑤整个市场利益分配格局不均衡的格局进一步显现，在 2017 年的市场运行中，仅有少数市场参与者取得了利益回报。

市场交易价格的变化是反映供需关系变化最重要的指示指标。2017

年市场运行的数据表明，当前我国金币市场的购买群体萎缩，入市资金减弱，总需求下降，市场预期负面，整个市场处于弱市。

（二）发行管理及宣传工作正在加强

2017年加强发行管理及宣传工作主要体现在：

①管理层开始进行管理机制改革的新探索，进一步规范了发行项目的审批管理规程，同时努力将反假工作列入国家层面的管理范畴。

②针对目前市场在设计销售金银币衍生产品方面出现的乱象，管理层也及时进行清理整顿，进一步规范了在商业活动中使用人民币图样的管理审批程序，

③针对一些商业机构在销售熊猫普制金币中的不规范行为，国有专营企业果断出手进行整顿和规范。

④为纪念熊猫金币发行35周年，国有专营企业举办了各种活动。特别是在央视主要媒体的黄金时段进行熊猫金币的形象宣传，扩大了熊猫币的社会影响。

管理层和国有专营企业采取的上述措施和进行的工作为我国金币市场的发展带来了新希望。

（三）网络交易和信息传播继续加速

随着网络技术的不断发展和普及，网络交易已经开始在我国现代贵金属币的价值转换中发挥越来越大的作用。以拍卖市场为例，在2017年中网络拍卖的成交额已经占到全部拍卖成交总额的87.82%。其中，各种网络APP和微信拍卖交易更以较快的速度发展，传统经营模式已经受到新挑战。随着销售渠道的便利和多元化，我国现代贵金属币的市场交易活跃度正不断提高，为帮助广大收藏投资及消费群体实现价值转换提供了有力支持。

随着网络技术的发展，传播中国金币文化信息的主渠道已经发生根

本变化。目前各种官方网站、门户网站、公司网站等琳琅满目。特别是作为一种全新的信息传播方式,微信的信息传播功能凸显。各种微信群聊、公众微信号、订阅号、个人微信不计其数。在这些传播媒体中只要一打开手机,各种有关中国金币的宣传信息、市场信息和交流讨论尽收眼底。金币市场信息传播的加速,为提高市场透明度和关注度提供了有力保障。

(四)钱币鉴定评级市场进一步发展

2017年我国的钱币鉴定评级市场进一步发展,钱币鉴定评级公司增加84%,钱币鉴定评级的总量增加24.72%。最大的发展变化是,封装币的发展速度开始大于评级币的发展速度。

伴随不断扩大的市场规模,我国钱币鉴定评级市场的竞争进一步加剧,同时也伴随出现一些值得警示的问题。如何加强钱币鉴定评级市场的行业引导和监管,促进良性竞争,规范市场行为和评级标准,真正体现钱币鉴定评级币的市场价值,已经成为影响市场长期健康稳定发展的重大问题。

(五)民间交流和宣传活动继续活跃

2017年虽然整个市场处于弱市,但民间的积极力量并没有等待和观望。2017年由民间举办的各种钱币展览会、展销会、交流会、联谊会、论坛和讲座继续趋于活跃,具"中国现代贵金属币信息分析系统"统计,2017年的上述各种主要活动已经达到100多个场次,为在民间扩大交流和传播钱币文化发挥了重要作用。

我国现代贵金属币的市场价值由文化艺术价值和收藏投资价值共同组成。在2017年中,各种宣传我国现代贵金属币文化艺术价值的活动继续展开。其中,最重要的活动是首次由民间举办的中国现代贵金属币文化艺术价值问卷调查。这次活动于2017年2月13日~5月31日在我国金币市场举办。这是使用定量方法分析研究目前社会对我国现代贵金属币文化艺术价值一般认识的成功尝试。参加这次活动的有国内社会文化专家、艺术及美术专家、钱币设计雕刻及铸造管理专家、著名收藏专家和钱币收藏爱好者共计 436 人。这次活动汇集和生成了 457 656 条评价数据,对我国现代贵金属币的文化艺术价值进行了全面诠释,对人们全面认识我国现代贵金属币的文化艺术价值具有积极意义,对不断提高现代贵金属币的文化艺术价值也能起到一定促进作用。目前这次活动的分析报告已经完成,并于 2018 年 2 月公布。

(六) 全面清理整顿邮币卡电子交易平台

2017 年 1 月 19 日,清理整顿各类交易场所部际联席会议第三次会议在北京召开。会议对下一阶段开展交易场所清理整顿"回头看"活动做出动员和部署。2017 年 8 月 2 日,清理整顿各类交易场所部际联席会议发出"邮币卡类交易场所清理整顿专题会议纪要"的通知(清整联办 [2017] 49 号),对清理整顿邮币卡类交易场所做出进一步部署。到目前为止,绝大部分与邮币卡相关的交易场所已经停业整顿或退市,这次清理整顿的效果将逐步显现。

三、我国金币市场如何健康稳定持续发展

近些年特别是 2017 年,我国金币市场的整体形势不容乐观,整个市场处于比较低迷的弱市,供需关系发生不利变化,收藏投资及消费群体萎缩,入市资金减弱,整体市场交易价格继续下行。

当然,影响整个金币市场的运行状况既有外因也有内因,外因通过内因发生作用。从内因的角度进行分析,人们应该看到,虽然我国现代贵金属币的市场价总值已经有 1 449.28 亿元,但是从我国的经济总量和收藏品市场的总体容量看,这个规模不能算大,如果扣除现代贵金属币的

民间熔损量,这个市场的总存量规模就更加趋小。但是为什么没有相应的资金入场呢?其中最关键的问题是,从整体上看我国现代贵金属币没有收藏投资的比较优势,资本对市场发展的预期趋于负面。因此可以明确地说,我国金币市场主要不是缺少资金,缺少的是对市场发展的正向预期和信心。只要具有正向的市场预期,就会有大量资金主动进场,反之仅有的资金也会撤退离场。那么如何改变负面的市场预期呢?其中最关键的抓手就是以问题为导向,积极推进我国金币市场顶层设计的全面改革。

第一,积极推进我国金币市场顶层设计的全面改革,要明确我国现代贵金属币的基本属性是什么?为什么要发行?以及到底应该如何发行与销售?如果对这些问题没有正确和统一的认识,我国金币市场就很难出现大的发展。

我国的现代贵金属币是一种以货币形式出现、以贵金属为载体、用于收藏或投资的商品,不具备货币流通职能。这种商品与其他商品的根本区别是由政府面对公众垄断发行,在经济上属政府行政资源类产品。

发行现代贵金属币的根本目的是反映国家意志,宣传国家发展,弘扬中华文化,丰富钱币市场,落实藏金于民,满足收藏鉴赏。

现代贵金属币的发行应该以市场为导向,以服务收藏投资为宗旨,以"三公原则"为基础,以利益均衡为路径,实现科学有序发展和市场繁荣。

第二,积极推进我国金币市场顶层设计的全面改革,还要明确衡量我国金币市场优劣的标准。习近平总书记在今年1月5日的重要讲话中郑重提出谁是出卷人、谁是答卷人、谁是评卷人的问题。并且给出的明确答案是:时代是出卷人,我们是答卷人,人民是阅卷人。按照这个逻辑,针对我国的金币市场来说应该是:市场是出卷人,发行管理者是答卷人,广大收藏投资及消费群体是评卷人。因此评价我国金币市场优劣的标准,不能仅是管理层和国有专营企业的自我感觉良好,而是要由广大收藏投资及消费群体进行评判,评判的基本方式就是广大收藏投资及消费群体用手或用脚进行投票，就是用市场认同度进行衡量。这是评价我国金币市场优劣的唯一标准。

第三，积极推进我国金币市场顶层设计的全面改革，还必须要明确进行改革的基本思路和整体框架。这种基本思路和框架有以下几个核心点：

①牢固树立以人民为中心的发展思想，对我国的金币市场来说就是以收藏投资及消费群体为中心，与收藏投资者及消费群体同舟共济，失去了这个核心指导思想，我国金币市场的发展就是无源之水和无本之木。

②由高速度向高质量转型，彻底改变国有专营企业单纯追求自身效益的发展模式，摒弃容易引起政绩冲动的管理考核机制，不能仅按企业短期效益评价领导者的水平和优劣，要全面考核企业服务市场的能力和供给的质量。

③积极改善我国金币市场的生态环境，在市场发展中要兼顾所有市场参与者的经济利益，努力实现利益均衡和利益共享。要特别关注广大收藏投资及消费群体的利益，所有的制度设计都要从这个基本点出发，避免出现仅有少数参与者盈利而大多是参与者亏损的尴尬局面。

以上我国金币市场顶层设计的改革思路和框架，是党的十九大精神在我国金币市场的具体体现，是坚持供给侧结构性改革，统筹推进稳增长、促改革、调结构、惠民生的关键一环，没有这种顶层设计的改革思路，我国金币市场的改革就会失去方向，举步维艰，甚至停步不前。

第四，在明确我国现代贵金属币的基本属性和发行目的，明确评价金币市场优劣标准和明确进行顶层设计全面改革的基本框架和思路的前提下，还要有具体的改革动作。

1. 发行管理体制机制改革

要继续积极推进发行管理体制机制改革，彻底改变政府行政资源的企业化运作模式，形成以行政为主导的发行决策机制，建立由发行管理部门、国有专营企业、专家智库和收藏投资者代表参与的更高层次的发行规划决策机制或组织,更好地与市场结合。不能为发行而发行,更不能仅从国有专营企业自身的经济利益出发考虑发行计划。要彻底改变对垄断经营企业的考核激励机制,不能诱导国有专营企业将经济利益作为头等大事,要全面考核国有专营企业的经营业绩,特别要将企业服务市场的能力水平和评卷人是否满意作为重要的考核指标,促使国有专营企业向服务市场的职能转变。

2. 发展战略改革

要积极推进发展战略的改革,努力实现以投资币为主,纪念币为辅的发展战略。我国投资币特别是投资金币的市场发展潜力巨大,目前影响我国投资金币发展的最大问题是销售管理的顶层设计还存在缺陷。如何适度调整价格体系,积极落实国家特批的免税政策,大幅缩小官方回购的买卖差价,继续发挥商业银行销售体系的作用,规范一级市场销售秩序,大力开展宣传推广活动,努力维护广大收藏投资及消费群体的根本利益,将成为不断扩大我国投资金币发展规模的主要抓手。在发展纪念币方面,要采取适度短缺的发展战略,合理开发利用我国宝贵的文化资源,集中社会力量搞好选材和设计,改变僵化的设计思路,与广大收藏者建立顺畅有效的信息沟通渠道,不断提高铸造技术和质量,积极创造艺术鉴赏与批评的文化氛围,争取把每一个项目及币种都设计铸造成专家和最终购买群体都满意的钱币精品,同时成为收藏投资的佳品。

3. 定价机制改革

我国的现代贵金属币不但是国家的法定货币,同时也是在垄断条件下经营的特殊收藏品。按照国家有关法律规定,应该施行有监管的企业自主定价原则,不能在监管缺失的情况下完全任由国有专营企业随意定价。实施有监管的企业自主定价,不但可以实现定价程序的合法合规,同时也可以避免垄断企业形成暴利,更重要的是要实现让利于民,避免出现利益失衡。改革目前的定价机制是实现金币市场"三公"原则的基础,如果没有这一基础,将有违发行纪念币的初衷。

4. 发售体制改革

我国目前贵金属币的发售体制是为垄断企业无风险经营设计的，国有专营企业的市场风险已经全部转移到后续的销售链条，特别是一些利益集团已经提前透支了广大收藏投资者的增值预期，严重侵害了广大收藏投资及消费群体的经济利益。改革目前的发售体制，一是要保证收藏投资者能够买到一手价格的钱币产品，同时要使国有专营企业适度面对市场风险。为此要按照一定规则大幅度提高面对公众的直销比例，银行的销售实施代销制，清理整顿现有的特许经销体系，对100多家特许经销商进行大幅度优胜劣汰，同时调整国有专营企业与中间经营企业的利益分配关系，促使这些企业合规经营，最终实现市场经济利益的均衡。

5. 二级市场导向改革

我国金币市场的一级市场和二级市场是一个有机整体，没有活跃的二级市场，就不可能有持续发展的一级市场。目前我国金币市场存在的突出问题是变现难，交易效率低和市场信息的透明度不高，这也是影响我国金币市场发展的较大问题。进行二级市场导向改革，管理层要改变重视一级市场，轻视二级市场甚至无视二级市场的旧观念，采用政策导向和经济手段，积极进行我国金币市场综合交易平台的建设与发展。这是我国金币市场的基础设施，没有这种基础设施，就无法实现我国现代贵金属币市场价值的顺畅转换和收藏投资的比较优势。

6. 其他基础工作

我国的现代贵金属币已经发行了40个年头。到目前为止，在国内民众中到底有多少人知道现代贵金属币，还有多少人不知道现代贵金属币？在知道现代贵金属币的人群中，有多少人没有购买收藏？没有收藏的原因是什么？有多少人收藏现代贵金属币？他们收藏的动机是什么？在收藏现代贵金属币的人群中，文化水平怎样？经济收入怎样？收藏投资的重点是什么？在整个钱币收藏领域，现代贵金属币的收藏群体占比如何……以上这些问题恐怕很少有人能够说得清楚，但是这些数据正是管理层和国有专营企业制定发展战略和政策的基础，就像国家在制定发展战略时进行人口普查和经济普查的重要性一样，然而这项市场普查工作只有管理层和国有专营企业有能力组织实施。因此管理层和国有专营企业应该积极推进这项基础的市场调查工作，为制定我国金币市场的中长期发展规划服务。

党的十九大胜利召开和习近平新时代中国特色社会主义思想，已经为我国金币市场的发展改革提出了明确要求和指引，当前我国金币市场的低迷状态也产生出促使必须进行改革的内生动力，因此可以说我国金币市场的改革已经处于选择发展方向的十字路口，势在必行。

当然也应该看到，改革不是调整，将涉及各方面经济利益，绝对不会一蹴而就，必然会遇到各种困难和阻力。因此应该知难而进，跋山涉水，砥砺前行，为我国金币市场更美好的明天努力奋斗。

我国金币市场的春天何时再次来临，将受到多种内外因素的影响。但是只要积极推进改革的各项工作，打好基础，创造更加优越的市场条件和环境，努力扭转当前的市场预期，恢复受损的市场信心，可以相信一旦当外部环境具备时，我国的金币市场就一定可以更早和更快启动。

中国现代贵金属币市场分析报告
2017
ANALYSIS REPORT

第三部分 展望

第六章 解读2018年发行计划

2017年12月6日，中国人民银行通过官方网站公布了"2018年现代贵金属币项目发行计划"。以下将通过数据分析解读这个计划。

第一节 数据分析

为全面分析"2018年现代贵金属币项目发行计划"，将主要采用与2017年实际发行情况相对比的方法进行。由于2018年号贺岁币已于2016年12月15日发行（已列入2017年实际发行统计），目前的分析假定是2019年号贺岁银币的发行量与2018年号贺岁银币的发行量相同。另外从数据的一致性出发，发行总重量的计算将统一换算成金衡盎司。

对2018年贵金属币项目发行计划的分析，将分为投资币和纪念币两大类别。

一、投资币的对比分析

投资币的对比分析见表6-1。

表 6-1　　投资币 2018 年计划与 2017 年实际铸造量对比分析

分析指标	币种数	2018 年计划		2017 年实际		供应重量（盎司）变化幅度（%）
		总枚数（万枚）	总重量（万盎司）	总枚数（万枚）	总重量（万盎司）	
投资币	6	1 370.00	1 087.34	571.53	458.30	137.25
投资金币	5	370.00	122.82	144.53	46.45	164.38
投资银币	1	1 000.00	964.52	427.00	411.85	134.19

注：变化幅度的数据经表格原始数据计算而得。

如表 6-1 所示，投资币 2018 年版与 2017 年版的发行计划量相同，2018 年版与 2017 年版发行总重量的对比差距主要反映了 2017 年版投资币实际铸造量大幅低于计划量。

二、纪念币的对比分析

（一）总体情况的对比分析

纪念币总体情况的对比分析见表 6-2。

表 6-2　　纪念币 2018 年发行计划与 2017 年实际执行情况对比分析

分析指标	2018 年计划				2017 年实际状况				供应重量（盎司）变化幅度（%）
	项目数（个）	币种数（种）	总枚数（万枚）	总重量（万盎司）	项目数	币种数	总枚数（万枚）	总重量（万盎司）	
纪念币	11	52	468.92	383.15	14	65	507.08	333.37	14.93
其中：金币		24	63.82	23.38		27	54.46	16.47	42.01
银币		28	405.10	359.77		37	452.02	316.10	13.82
双金属币						1	0.6	0.81	-100.00

注：变化幅度的数据经表格原始数据计算而得。

如表 6-2 所示：

目前 2018 年计划发行 11 个项目，52 个币种，与 2017 年相比减少 3

个项目和 13 个币种,其中,双金属币没有延续发行。从计划供应的总重量计算,2018 年与 2017 年相比增加 14.93%,其中,纪念金币增加 42.01%,纪念银币增加 13.82%。

(二) 不同重量规格的对比分析

纪念币不同重量规格的对比分析见表 6-3。

表 6-3 纪念币不同重量规格 2018 年发行计划与 2017 年实际执行情况对比分析

分析指标	2018 年计划			2017 年实际状况			供应重量 (盎司) 变化幅度 (%)
	币种数 (种)	总枚数 (万枚)	总重量 (万盎司)	币种数 (种)	总枚数 (万枚)	总重量 (万盎司)	
特大规格纪念币金币	1	18(枚)	0.5787	1	18(枚)	0.5787	0.00
大规格纪念币	7	3.67	118.05	7	2.17	70.09	68.44
其中:金币	3	0.0668	2.31	3	0.0668	2.31	0.00
银币	4	3.60	115.74	4	2.11	67.78	70.77
中等规格纪念币	11	14.45	69.20	13	10.20	49.96	38.51
其中:金币	5	1.95	8.92	6	0.89	5.06	76.24
银币	6	12.50	60.28	7	9.31	44.90	34.26
一般及小规格纪念币	33	450.80	195.32	44	494.70	212.74	-8.19
其中:金币	15	61.80	11.57	17	53.50	8.52	35.90
银币	18	389.00	183.74	26	440.60	203.42	-9.67
双金属币				1	0.6	0.81	-100.00

注:变化幅度的数据经表格原始数据计算而得。

如表 6-3 所示:

①特大规格的 10 公斤金币数量和重量保持不变。

②大规格金银币的币种数不变,其中,金币的铸造总重量维持不变,银币的铸造总重量上升 70.77%。

③在中等规格的币种中,金银币的币种数量各减少 1 枚,铸造的总重量金币增加 76.24%,银币增加 34.26%。

④在一般规格和小规格的币种中,从币种的数量看,金币减少 2 枚,银币减少 8 枚。从铸造的总重量看,金币增加 35.90%,银币减少 9.67%。

(三) 项目类型的对比分析

对纪念币不同项目类型的对比分析见表6-4。

表6-4　纪念币不同项目类型2018年发行计划与2017年实际执行情况对比分析

分析指标	2018年计划				2017年实际状况				供应重量（盎司）变化幅度（%）
	项目数（个）	币种数（种）	总枚数（万枚）	总重量（万盎司）	项目数（个）	币种数（种）	总枚数（万枚）	总重量（万盎司）	
熊猫精制币总量	1	6	11.55	103.69	1	6	4.93	45.60	127.37
熊猫精制金币		4	3.55	10.45		4	0.91	4.14	152.51
熊猫精制银币		2	8.00	93.24		2	4.02	41.46	124.86
文化类纪念币总量	5	33	430.77	239.37	5	35	405.64	216.42	10.60
文化类纪念金币		16	53.27	11.42		17	40	9.79	16.70
文化类纪念银币		17	377.50	227.95		18	365.30	206.63	10.32
事件类纪念币总量	5	13	26.60	40.09	8	24	96.50	71.35	-43.81
事件类纪念金币		4	7.00	1.51		6	13.2	2.54	-40.51
事件类纪念银币		9	19.60	38.58		17	82.7	68.00	-43.26
事件类双金属币						1	0.6	0.81	-100.00

注：变化幅度的数据经表格原始数据计算而得。

如表6-4所示：

①熊猫精制币2018年与2017的发行计划量相同，2018年与2017年发行总重量对比的差距主要反映了2017年熊猫精制币实际铸造量大幅低于计划量。

②在文化类项目中，计划发行的项目数与2017年保持一致，金银币的币种数量各减少1枚，铸造的总重量金币上升16.70%，银币上升10.32%。

③在事件类项目中，目前计划发行的项目数与2017年相比减少3个，币种的数量金币减少2枚，银币减少8枚，铸造的总重量金币减少40.51%，银币减少43.26%。

第二节 解读计划

解读2018年贵金属币的发行计划,也将分为投资币和纪念币两大类别。

一、投资币

从以往的惯例看,投资币的发行计划一般仅有象征性意义,每年的实际执行情况与计划相比都有程度不等的差距。

投资币的发行计划2018年版与2017年版相同,反映了国有专营企业仍然给投资币的发行规模留出了较大的腾挪空间。

投资币是我国现代贵金属币的重要组成部分,市场发展的空间巨大。虽然投资币2017年版的发行规模与2016年版相比下降幅度较大,但人们期望国有专营企业认真总结投资币2017年版销售规模大幅下降的原因,从顶层设计入手,积极采取措施,针对存在的问题进行改革和调整,争取2018年版的销售规模有所扩大,并在激烈的市场竞争中不断扩大在我国贵金属投资产品中的市场份额。

二、纪念币

(一) 整体供应总量

原本纪念币的年度发行计划与实际执行情况相比变化不大。但是近些年来,实际的执行情况与计划相比开始出现较大变化,计划外项目增多，用发行计划预测2018年供应总量的难度越来越大，目前央行的发行计划仅能作为大致的参考。

预判2018年纪念币的实际供应总规模，是否可以从以下几点考虑：

①2018年是否有计划外项目？如果有计划外项目，到底会有几个？目前这些问题还是未知数。但从近两年的情况看，2016年有5个计划外项目，2017年有4个计划外项目。按照这个规律，在2018年仍然有计划外项目将是大概率事件，因此表6-4中事件类项目的发行总重量应该具有一定幅度的上升已成定局。

②熊猫精制币也是以销定产类项目，在2017年中除了1 000克金币足量发行之外，其他材质和重量规格的实际铸造数量与计划相比都有较大差距。面对弱市，参照2017年的情况，相信2018年熊猫精制币的实际铸造量与计划量相比也将具有一定差距，对实现纪念币2018年的发行计划将产生一定的下拉作用。

③从文化类项目看，2018年国有专营企业根据市场变化对一些文化类项目的实铸量进行了下调，其中，主要是"吉祥文化"和"生肖"项目。由于目前的市场状况没有出现好转，参照2017年的情况，相信国有专营企业仍然会下调2018年文化类项目的实际供应总量，对实现纪念币2018年的发行计划也将产生一定的下拉作用。

④执行2017年计划的实际情况是：实际铸造的总重量与计划量相比下降22.75%，与2016年相比将下降9.15%。参照2017年的数据，同时考虑到以上对实现2018年计划有可能产生的增减因素，2018年纪念币的实际供应总量低于2018年计划总量和低于2017年的实际供应总量将是大概率事件，但幅度不会很大。

（二）币种的材质和重量规格

①在2018年的发行计划中没有了双金属币。

②在2018年的发行计划中，金币和银币的重量规格（克重）分布没

有发生变化。

③在 2018 年的发行计划中，大规格金币和银币的币种数量没有变化，中等规格金银币的币种数量有微幅下调。

（三）项目的主题

①一些常规和连续性的项目继续发行，例如熊猫精制币、吉祥文化纪念币、省市自治区成立纪念币、钱币展纪念币、生肖纪念币和贺岁币等。

②出现了一些新的项目题材，如中央美术学院建校 100 周年金银纪念币、中国书法艺术金银纪念币（第 1 组）、中国能工巧匠金银纪念币（第 1 组）和人民币发行 70 周年金银纪念币等。

③受到题材的时间限制，在 2018 年的发行项目中没有全国性重大事件类纪念币项目。

（四）项目的设计雕刻和工艺技术

从市场供应的大概念讲，除了供应的数量之外，供应的质量也是应该考虑的重要问题，供应的质量包括设计雕刻的艺术质量和铸造加工的生产质量。

根据以往惯例，以上质量问题只有当币种发行面世时才能知晓。但是人们期望，现代贵金属币的专家评审委员会能够不断总结经验，深入了解民情民意，挣脱一些自设的条框禁锢，把好审查指导关，争取把每一枚纪念币都设计雕刻成专家认可和群众满意的艺术精品。同时人们期待，我们的造币企业能够将铸造质量真正当成企业生存的命脉，大力解决目前在现代贵金属币铸造过程中存在的一些比较突出的质量问题，例如金币的红斑和银币的白雾白斑问题，为广大收藏投资及消费群体奉献出能够经受时间检验的钱币精品。

第七章　研究判断 2018 年市场走势

引发我国金币市场走势变化的原因复杂多变，具有很多不确定性，研究判断 2018 年的市场价格走势是一项极具挑战性的工作。所谓研究判断 2018 年市场价格走势，就是通过总结历史规律，试探性研究我国金币市场的可能发展方向。

从一般规律讲，研究判断 2018 年市场价格的整体走势，就是研究供需关系变化。总供给大于总需求，市场价格将会下跌；总供给小于总需求，市场价格就会上涨。值得注意的是，我国现代贵金属币的市场存量自然损耗较小，增量每年还在不断聚集，这是我国现代贵金属币总供给的基本特性。从需求角度看，不能简单按人口计算，也不遵循价格越低需求越大的一般经济学规律，它最终将以入市资金形式反映。由于我国的现代贵金属币属于非刚性需求的工艺或艺术类收藏品，决定需求的关键因素是市场预期。有收藏投资价值的比较劣势，就会有大量资金入场，没有收藏投资价值的比较劣势，大量资金就会撤退离场，即买涨不买落。研究需求主要是分析市场预期。影响市场预期的两大因素就是外部环境和内部因素。

一、外部环境

分析外部环境主要包括贵金属价格走势、货币流动性、艺术收藏品市场的大环境和国际国内宏观经济状况。

（一）贵金属价格走势

2017 年我国现代贵金属币的平均贵金属变动成本溢价率为 1.404，在整个市场价总值中，贵金属权重占比为 70.91%，因此可以说贵金属价格的变化对市场价格的走势具有重大影响。另外，在 2017 年整个的市场价总值中金币占比为 75.87%，为简化起见，以下将主要分析黄金的价格走势。

2017 年国际黄金价格在 1 146.14 ~ 1 357.67 美元/盎司波动，加权平均价格为 1 255.18 美元/盎司，与 2016 年平均金价相比上升 0.73%。

2018 年伊始，国际黄金价格开始震荡上行，一度触及 1 360 美元/盎司的价位，到本报告撰写之时，国际黄金价格又回落到 1 318 美元/盎司附近。

为观察 2018 年国际黄金价格的总体变化趋势，现汇总了国际 12 家金融机构对 2018 年黄金价格走势的研判，见表 7 – 1。

表 7 – 1　　　　　　国际投行对 2018 年黄金价格走势预判汇总

机构	预判黄金价格走势（每盎司）	总体研判
瑞银集团	谨慎乐观，均价 1 285 美元，高至 1 325 美元，年初上行，随后回落，下半年价格再次上升	对冲经济不确定性、地缘政治风险。未来一年美元可能会进一步走贬。随着价格小幅回升，实货黄金需求继续疲弱
汇丰银行	预计 2018 年将温和走高，平均价格 1 310 美元	不断收紧的货币政策和全球低通胀环境将会抑制黄金涨势 美联储和其他央行的收紧举措对金价构成利空。但是金融市场日益增加的波动性将利好黄金。黄金仍具投资价值，年内保持与利率负相关走势
摩根士丹利集团	均价 1 295 美元，高至 1 340 美元	年内多数时间下行，年末受美联储货币政策影响出现显著上行

续表

机构	预判黄金价格走势（每盎司）	总体研判
美银美林集团	今年第一季度黄金将承压，随后会在第三季度反弹。三季度之前黄金均价料为 1 350 美元，2018 年全年均价为 1 326 美元	税改可能促使美联储进行更多加息，即使没有税改，也预期美联储今年将加息 3 次，围绕潜在经济增长的乐观看法预计会提振美元近期走势，并且打压金价，但这种乐观情绪可能会到三季度消退
巴克莱银行	金价年中温和上涨到 1 400～1 450 美元之间，并且在 2018 年年底跌到每盎司 1 245 美元的低位。	加息，以及 2017 年 4 季度美国的长期和短期债券收益率下滑
花旗银行	均价 1 270 美元	美联储更加鹰派，减税情绪乐观，亚洲珠宝需求疲软，以及发达经济体和新兴国家经济预测强劲会推动金价下跌
法国兴业银行	均价 1 175 美元	美国货币政策持续收紧，经济复苏以及工业金属供应不足会打压黄金走弱
高盛	看跌黄金，均价 1 225 美元	美联储已明确会进一步加息，同时由于市场对此早有预期与共识，目前市场已经消化了美联储明后两年各升息 4 次的预期。发达市场国内生产总值继续强劲增长，商业周期进入扩张阶段。地缘政治风险不会恶化，2018 年和 2019 年也不会发生经济衰退
道明证券	均价 1 313 美元	欧美收紧货币政策难以于年内拉动实际利率有效增长，美元疲软，金价小幅上涨
CPM Group	均价 1 322 美元	投资需求的变化支撑金价上涨
凯投宏观	低至 1 200 美元	通过税收改革和经济状况良好可能促使美联储采取更加激进的紧缩政策
渣打银行	均价 1 324 美元	地缘政治和政治不确定性的影响下，金价可能于年内升至 5 年高点

如表 7-1 所示，在这 12 家金融机构中，预判 2018 年黄金价格的走势最高为 1 450（美元/盎司），最低为 1 175（美元/盎司）。看高和看低

的机构都是少数，大多数机构都持谨慎乐观态度，预判2018年黄金价格走势将呈现年初上涨，中期回落，年底时再次上涨的格局，全年的加权平均价格在1 300美元/盎司附近。预判这种价格走势的主要原因是，国际政治和经济的不确定性、金融市场的波动性、地缘政治因素和对投资需求的增长将有利于黄金走势，而美联储加息预期明确、各国收紧货币政策和国际经济的稳步回升将不利于黄金价格走势。

综合以上分析，2018年国际黄金价格将震荡走高，与2017年相比价格重心将继续上移，但是幅度不会很大。国际黄金价格走势是影响我国金币市场整体走势最重要的外部环境。2018年黄金价格走势对我国金币市场的影响将是谨慎看多。

（二）国内货币流动性

货币流动性是指货币在市场上的投放量。由于我国的现代贵金属币属于非刚性需求的收藏品，历史发展证明货币流动性状态对我国金币市场的走势将产生一定影响。

M1与M2的比值（M1/M2）是反映货币流动性结构强弱变化的重要参考指标之一。2008～2017年，M1与M2比值（M1/M2值）的走势见图7-1。

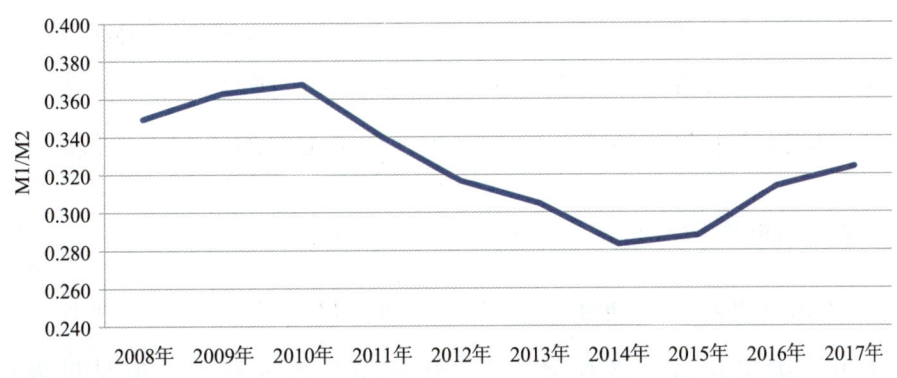

图7-1　2008～2017年我国货币供应结构指标（M1/M2）走势

如图7-1所示，2017年由于央行实施稳健中性的货币政策，整个金融市场的货币流动性有所改善,整体处于中性适度和基本稳定的状态,但也存在出现系统性金融风险的挑战。2018年央行将继续保持货币政策稳健中性,并将综合运用多种货币政策工具,保持银行体系流动性合理稳定,促进货币信贷和社会融资规模合理增长,同时打好防范化解重大金融风险的攻坚战。综合以上分析,2018年国内的货币流动性不会过于宽松,从宏观上看资金对我国金币市场的影响将保持中性。

(三) 国内艺术收藏品市场状况

我国的现代贵金属币属于以货币形式出现的收藏品,身处整个艺术收藏品市场之中,艺术收藏品市场的整体走势也会不同程度地对我国的金币市场产生影响。

当前我国艺术收藏品市场的状况可以用"喜忧参半"四个字来形容。喜的是国家不断出台政策,大力扶植文化艺术产业,促使艺术收藏品市场开始转型升级。特别是艺术电商和网络拍卖等线上交易模式发展迅速,大众化艺术消费不断增长,艺术收藏品交易与资本和金融结合也出现新动向,在拍卖市场上也有少数拍品创出新高。忧的是整个艺术收藏品市场从2012年开始下行后目前仍处于调整之中,拍卖市场没有大的起色,价格总体继续探底,中国艺术品拍卖市场的信心指数也在底部徘徊。特别是随着国家大力推进反腐倡廉工作,高端艺术品消费萎缩已成定局。目前在艺术收藏品市场中的持币观望心态浓厚,何时触底反弹还没有明显迹象。国内艺术收藏品市场状况对我国金币市场的影响中性偏弱。

(四) 国际国内宏观经济形势

2017年世界经济增速明显提升,劳动市场持续改善,全球物价水平温和上升,大宗商品价格有所上涨,国际贸易增速提高。但是世界经济回暖的基础并不稳固,也存在对资产价格泡沫和全球债务水平是否过高、反全球化趋势如何发展、美国货币政策如何调整、英国脱欧进程以及地缘政治冲突等问题的担忧。2018年世界经济将继续处于"低增长、低利率、低通胀"的弱势复苏态势，但是也不能忽视不确定性对世界经济发展的负面影响。

2017年以来，我国宏观经济延续稳定向好趋势，国民经济呈现运行平稳、结构优化、动能转换、质量效益提升的态势，已经成为世界经济增长的主要动力源和稳定器，形成了世界上人口最多的中等收入群体。2018年是贯彻党的十九大精神的开局之年，我国经济将继续由高速增长向高质量转型，继续坚持以供给侧结构性改革为主线，实施积极的财政政策和稳健中性的货币政策，打好防范化解重大风险的攻坚战，引导和稳定预期，加强和改善民生，促进经济社会持续健康发展。

在世界全球化趋势的大背景下，我国经济与世界经济的关联度也越来越高。简单看好像我国的宏观经济与我国的金币市场没有紧密相关的互动关系，但是深入观察，宏观经济的持续发展将提高人民的物质和文化生活水平，改善民众的文化和艺术消费投入，从而有可能逐步扩大我国现代贵金属币的消费投资群体。因此2018年国际国内的宏观经济形势对我国金币市场的发展将是中性偏好。

通过以上分析是否可以看到，2018年贵金属交易价格的重心将适度上移，货币流动性将保持稳定，国内宏观经济形势也将稳定向好，整个收藏品市场的形势仍然不容乐观。综合这些因素，外部环境对2018年我国金币市场的影响将是中性偏好。

二、内部因素

分析内部因素，主要是研究我国金币市场内部供需关系的动态变化。

（一）供给因素

供给因素将主要通过市场增量和存量两个方面进行分析：

1. 供应增量

供应增量主要是指 2018 年即将向市场投放的新项目和新币种。

分析 2018 年的供应数量，投资币的供应量依然充满不确定性，它将取决于市场的有效需求如何变化。在纪念币方面，相信国有专营企业将面对弱市继续适度调整发行的总规模。目前，2018 年与 2017 年相比，预判纪念币的供应总重量将有所下降，但幅度不会很大。

从供应的质量看，由于新品纪念币尚未发行，整体的质量状况还无法得知。

2. 市场存量

市场存量主要是指 1979～2017 年已经向社会投放的项目和币种。按实铸量计算目前我国现代贵金属币的总存量已经达到 11 658.67 万枚，10 397.90 万盎司，市场价总值 1 449.28 亿元。在这些数据中无法得知并减去民间熔损的数量，但可以相信民间熔毁的数量相对较少，这些数据基本可以反映市场总存量的基本状况。

（二）需求因素

需求因素将主要分析有利因素和不利因素两方面的情况。

1. 有利于提高需求总量的因素

①在学习贯彻党的十九大精神的过程中，面对当前市场的弱市状态，管理层和国有专营企业已经开始认识到改革我国金币市场发行管理顶层设计的重要性。随着改革发行管理顶层设计措施的逐渐出台，相信一定会改善我国金币市场的生态环境和市场参与者之间的利益关系，提高市场正向预期，扩大需求稳步增长。

②2018 年贵金属交易价格的重心将适度上移，在贵金属价格稳步上涨的情况下将提高人们的正向预期，从而带动对贵金属币特别是投资金币的市场需求。在这里特别值得关注的是，2017 年我国黄金市场的消费规模普遍上涨，其中，实物金条的销售量与 2016 年相比上涨 7.28%，达

到276.39吨，而金币消费仅占实物金条消费量的7.22%。这些数据充分说明，我国黄金消费的社会基础是一直存在的，只要政策对路，完全有可能将部分对实物金条的消费需求转化为对金币特别是投资金币的需求，从而提高我国金币市场的需求总量。

③我国的金币市场已历经六年多的深度调整，底部特征开始逐步显现。虽然目前不同币种下跌的总能量仍大于上涨的总能量，但是这种多空对决的关系正在悄悄发生变化，对存量价格走向的正向预期开始加强。面对市场的动态博弈，一些先知先觉的资金已经开始入场布局，进行抄底运作。这种情况无疑也会提高我国金币市场的总需求。

④目前调整我国金币市场中一级市场销售渠道的工作还在继续推进，不断扩大的商业银行销售渠道和特许经销企业的吐故纳新，正在为一级市场的销售体系注入新"血液"。这些新加入的企业一般都具有较强的营销能力，对扩大需求将起到一定作用。

⑤随着网络销售和网络拍卖的快速发展，目前我国金币市场的价值转化效率正在不断提高。交易难、变现难和市场信息透明度低的瓶颈正在逐步改善。交易效率的提高无疑也会带动需求增长。

⑥在市场处于牛市时，往往会把人们的注意力转向投资价值。目前整个金币市场正处于熊市，收藏重心开始逐步向现代贵金属币的文化艺术价值转移。近些年在我国的金币市场中，关注文化艺术价值的氛围正在逐步加强，这些积极因素可提高人们关注精品和收藏精品的积极性，对扩大需求也有正向作用。

2. 不利于提高需求总量的因素

①目前我国金币市场的总体走势继续下行，收藏投资价值的比较优势进一步减弱，广大收藏投资及消费群体的经济损失惨重，市场预期整体处于负面，严重缺乏对市场发展的信心，由此造成收藏投资及消费群体萎缩，入市资金匮乏，总需求下降。当前我国金币市场总需求正在减弱的严峻形势必须正面对待。

②2017年我国投资金币的发行规模大幅下降，主要原因是投资金币销售管理的顶层设计存在缺陷，具体表现在发售管理的效率存在问题，平均零售价格偏高，买卖差价过大，官方回购渠道不畅等问题，在整个黄金投资产品中缺乏竞争力。如果这些问题不解决，对提高需求也是不利的。

③在市场中有些商业机构利用信息不对称，不按市场的一般规律销售现代贵金属币，提前透支广大收藏投资及消费群体的增值预期。市场中存在的这些乱象，将严重打击消费终端参与金币市场的积极性。在"一朝被蛇咬十年怕井绳"的心理作用下，将使本已进场的人群惧怕继续入市，对提升市场总需求也有严重杀伤力。

④目前整个市场的调整并没完全结束，受买涨不买落的思维惯性影响，不少资本还在继续观望等待，甚至完全丧失信心，撤退离场。毫无疑问，这种短视的投机心理对扩大当前的总需求也将产生负面影响。

⑤我国金币市场的需求结构极其复杂。各种资本介入之中，市场预期变化莫测，造成市场价格和走势产生较大波动。例如在资本操控下，某些币种的市场价格会出现一时暴涨，同时也会引发更多资金介入，形成需求量瞬时大增的情况，造成虚幻的需求假象。一旦投机资金撤离，价格就会迅速回落，造成需求锐减。在2018年的金币市场中投机炒作因素还会继续存在，也会不利于稳定扩大需求。

⑥2017年政府已经开始清理整顿邮币卡电子交易平台，但是目前还未最后看到完整的整顿成果，在这些邮币卡电子交易平台内的筹码去向也是未知数。一旦这些筹码返回现货市场，也将继续对市场造成冲击和不利影响。

综合以上对内部因素的分析，2018年我国金币市场的供需关系将充满不确定性，发行增量的总供给有可能下降，总需求关键要看有利因素与不利因素之间的动态博弈，目前迅速改变供需关系的剪刀差难度较大，供需关系的平衡和好转可能还需要大量的工作和时间。

三、总体研究判断市场走势

在 2018 年中,外部环境对我国金币市场的影响中性偏好,内部因素不确定性较多,因此 2018 年我国金币市场的总体走势可能将进一步夯实底部,逐步形成今后向好的市场基础,大幅上涨的概率较小,同时也不排除可能出现反复和震荡。

从中长期的发展趋势看,我国金币市场的这次调整时间较长,幅度较大,积累的问题也较多,提振正向的市场预期和恢复市场信心不可能轻而易举,出现"V"形反转的概率极低,市场的完全复苏还要看外部环境如何配合以及内部多空因素如何转换。关键要看管理层和国有专营企业改革发行管理体制顶层设计的实际行动和力度。只要大力推进改革,不断完善我国金币市场发行管理体制的顶层设计,恢复市场信心和正向预期就不会十分遥远。再经过三到五年的时间,当外部环境具备时,我国的金币市场完全有可能走出一次较好的市场行情。

尽管在短时间内我国金币市场的发展仍将会比较艰难,但从更长的时间跨度观察,我国金币市场总体向好的趋势不会改变。因此面对困难与希望、风险与机遇,人们不应丧失信心。要密切观察市场动向和审时度势,一方面要注意防控风险,另一方面也要善于发现机会。要从长远发展着眼,认清中国金币市场发展的大方向,聚集正向能量和预期,为市场的复苏做好充分准备,用实际行动迎接我国金币市场更美好的明天。

中国金币市场 2017 年大事记[①]

1月1日

2016年12月31日中华人民共和国国务院向申请人杨松林发出行政复议裁决书（国复［2016］960号），对申请人提出的有关申请公开金银币返熔品种和数量一案做出最终裁决。这是金银币收藏者第一次依据《中华人民共和国行政复议法》和《中华人民共和国政府信息公开条例》规定，使用法律赋予的权利，向国家最高行政机关就收藏者普遍关心的金银币实铸量和返熔量数据进行的信息公开申请和行政复议活动。

1月19日

清理整顿各类交易场所部际联席会议第三次会议在北京召开。会议对下一阶段开展交易场所清理整顿"回头看"活动做出动员和部署。8月2日，清理整顿各类交易场所部际联席会议发出"邮币卡类交易场所清理整顿专题会议纪要"的通知（清整联办［2017］49号），对清理整顿邮币卡类交易场所做出进一步部署。到目前为止，绝大部分与邮币卡相关的交易场所已经停业整顿或退市。另据媒体报道，一种类似邮币卡交易场所的寄售挂牌交易方式于年底前开始上线运行。

[①] 大事记由笔者根据相关媒体报道和"中国现代贵金属币信息分析系统"提供的数据编辑整理而成。

2月13日

首次由民间主办的"中国现代贵金属币文化艺术价值"问卷调查活动于2月13日~5月31日在我国金币市场举行。参加这次活动的有国内社会文化专家、艺术及美术专家、钱币设计雕刻及铸造管理专家、著名收藏专家和钱币收藏爱好者共计436人。这次活动汇集和生成了457 656条评价数据,在进行有关研究分析工作过程中已经先后公布五期相关数据,目前已经完成"中国现代贵金属币文化艺术价值"问卷调查分析报告,将于2018年春节后公布。

2月13日

根据群众举报,河北定州市公安局破获一起伪造金银纪念币案件,查获伪造的金银币共计9 301枚,案值近700万元。目前案件正在审理中。

2月16日

据多家媒体报道,位于北京琉璃厂东街的北京开元中国金币经销中心泉友斋营业部发生产品库房盗窃案,被盗金币和银币共1 023枚,34.459公斤,成本价值1 192.57万元人民币。2月21日这起盗窃案告破,抓获3名嫌疑人。这是中国金币零售系统发生的最大产品库房盗窃案。12月22日北京市西城区人民法院以职务侵占罪对3名嫌疑人提起公诉,一审判处田某有期徒刑9年,郭某有期徒刑7年,吕某有期徒刑5年6个月。

4月28日

由日本造币局主办的2016年国际硬币设计大赛(ICDC)在东京国际钱币展销会举行颁奖典礼,我国深圳国宝造币有限公司设计师钟承辛设计的《LOST HOME》（失去的家园）荣获最佳作品金奖。

6月2日

中央电视台第一套节目黄金时段开始播放熊猫金币广告片，同时在有关频道播送有关纪念熊猫币发行35周年专题宣传片。这是多年来中国金币总公司借助央视媒体开展的较大力度的中国金币宣传推广活动。

7月12日

中国金币总公司向各特许经销商发出重要通知。通知要求各特许经销商或熊猫币授权经销商在总公司金币交易系统中的交易必须严格执行国家的相关法律法规，依法经营，照章纳税，不得在系统内对封装币、评级币进行免税交易，如出现上述违规操作，总公司将追究其责任，一切后果自负。一旦发现有客户通过封装、评级对熊猫普制金币超过当天金币公司发布的初始发售价格进行分销销售，立刻终止其特许经销商或熊猫币经销商的购货资格，总公司将依据特许零售商合同对其进行处理，熊猫币授权经销商将直接取消其熊猫普制金币免税资格。

10月6日

由中国人民银行货币金银局主办、中国印钞造币公司承办的人民币硬币发行60周年全国巡展在上海图书馆开幕。上海首展之后，陆续在南京、沈阳、西安、成都、北京、南昌、广州和厦门等地进行巡展。我国人民币金属币于1957年12月1日开始发行。为纪念中国金币总公司成立30周年，中国金币总公司和中国钱币学会也在北京和上海等地举办了国际币章艺术展。

10月20日

据爱藏收藏咨询报道,广州一家钱币经营商利用赊销方式诈骗货款1 000万元。类似事件在北京钱币市场也发生多起。从以往规律看,在钱币市场处于低谷时,这种情况经常发生。

10月22日

以第三方视角出发,用于动态查询中国现代贵金属币市场交易价格和评级结构的"币知"信息平台开始上线试运行。这是提高我国金币市场交易信息透明度的新尝试。

10月30日

中国人民银行货币金银局向中国印钞造币总公司和中国金币总公司发出《关于加强钱币衍生品管理的紧急通知》(货金银〔2017〕166号),要求立即停止未经人民银行批准的涉及人民币图样的衍生品销售推介行为;停止销售标注有人民币符号,可能引起误导的衍生品;停止使用中国人民银行、中国印钞造币总公司和中国金币总公司名义推销的行为,停止利用重大政治题材以章充币,谋取利益的行为;停止未经授权擅自以人民银行主要领导人名义、公司主要领导人名义签字证书,从事衍生品销售的行为。这是中国人民银行针对其所属企业近期在衍生品销售方面出现的乱象发出的紧急通知。

11月10日

2017年北京国际钱币博览会在北京举行。据不完全统计,2017年在国内举办的具有一定规模的各种钱币博览会、展销会和交流会不少于39次,例如中国金银币爱好者第一届宁波户外联谊会、2017年中国国际钱币(北京)展销会和第五届全国钱币收藏博览会等。

11月11日

2017年世界硬币大奖"终身成就奖"颁奖仪式在北京举行。克利福德·米什勒先生代表世界硬币大奖评审委员会向上海造币有限公司工艺美术师余敏先生授予2017年度"终身成就奖"。有8位荣获过克劳斯大奖荣誉的中国钱币设计雕刻师和8位克劳斯大奖的中国评委参加了这次颁奖仪式。"世界硬币大奖"由美国克劳斯出版社和《世界硬币新闻》于1984年联合发起,是目前世界上规格最高和影响范围最大的硬币评选活动。

12月1日

中国人民银行在中国金币总公司召开领导干部任命宣布大会。根据总行党委决定,牟善刚任中国金币总公司董事会董事、董事会党组成员、公司党委书记和总经理。

12月19日

在2018年世界硬币大奖评选中,中国2016年猴年纪念币获"最佳流通币"单项奖。这是中国钱币自2006年之后再次获得世界硬币大奖。

12月31日

据市场人士透露,1997年发行的中国近代国画大师齐白石一公斤金币以590万元人民币成交。这是2017年中国现代贵金属币单一币种成交的最高价格。与当时的零售价相比这枚金币发行20多年来增值近42倍。

12月31日

据"中国现代贵金属币信息分析系统"统计,2017年我国金币市场的市场总值1 449.28亿元,与2016年相比增加2.07%。扣除2017年发行增量，2017 年与 2016 年相比市场价总值下降 3.65%。

12 月 31 日

据"中国现代贵金属币信息分析系统"统计，2017 年我国金币市场的拍卖成交总额 4.02 亿元，与 2016 年相比增加 4.62%。其中，网络拍卖成交总额占全部拍卖成交总额的 87.82%。

12 月 31 日

据"中国现代贵金属币信息分析系统"统计，2017 年我国钱币鉴定评级总量为 509.66 万枚（或张），与 2016 年相比增加 26.38%。在现代贵金属币中，2017 年与 2016 年相比，评级币减少 25.46%，封装币增加 37.42%。

12 月 31 日

在"互联网＋"新经济形态带动下，2017 年我国钱币市场的网络和微信拍卖平台继续呈现快速发展态势。据"中国现代贵金属币信息分析系统"不完全统计，到 2017 年底有关钱币交易的各种网络和微信拍卖平台已经超过 250 家。

主要名词解释及定义

（一）**中国现代贵金属币**：指 1979 年以后中国人民银行公告发行的所有现代贵金属币，它由投资币和纪念币两大部分组成。

（二）**投资币**：指由中国人民银行发行，主要易于贵金属投资的现代贵金属币。在我国现代贵金属币体系中，特指 1 盎司、1/2 盎司、1/4 盎司、1/10 盎司、1/20 盎司 5 种普制熊猫金币和 1 盎司、1/2 盎司 2 种普制熊猫银币。2016 年开始实行金衡盎司改为国家标准重量单位克后，特指 30 克、15 克、8 克、3 克、1 克 5 种普制熊猫金币和 30 克普制熊猫银币。

（三）**纪念币**：指由中国人民银行发行，具有特定主题或特定纪念题材的贵金属币。在我国现代贵金属币体系中，特指扣除投资币之外的所有贵金属币。

其中，特定主题纪念币（简称文化类纪念币），主要指具有特定主题的现代贵金属币，例如"2014 中国甲午（马）年金银纪念币"。

特定纪念题材纪念币（简称事件类纪念币），主要指具有特定纪念题材的现代贵金属币，例如"中华人民共和国成立 60 周年金银纪念币"。

（四）**数据分析范围**

1. 2017 大盘：特指中国人民银行 1979～2017 年发行的所有现代贵金属币的集合。

2. 2017 年大盘发行增量（简称 2017 年板块），特指中国人民银行在

2017 年发行的所有现代贵金属币的集合。

3. 2017 年大盘发行存量（简称 2016 年大盘），特指中国人民银行 1979～2016 年发行的所有现代贵金属币的集合。

4. 2011 年大盘：特指中国人民银行 2011 年以前（包括 2011 年）发行的所有现代贵金属币的集合。

（五）指标体系

1. 价格指标系统

（1）不变成本（简称 BB）：指币种发行时的贵金属价值。

（2）零售价（简称 L）：指币种发行时的零售指导价或初始发行价。

（3）变动成本（简称 BD）：指后期变动的贵金属价值。

（4）市场价（简称 S）：指后期变动的市场交易价格。

2. 评价收藏投资价值的直接指标系统

（1）零售价/不变成本（简称 L/BB）：用于衡量现代贵金属币不变成本与零售价之间的溢价率。

（2）市场价/零售价（简称 S/L）：用于衡量现代贵金属币市场价与零售价指导之间的溢价率，即贵金属币的实际增值幅度。

（3）市场价/不变成本（简称 S/BB）：用于衡量现代贵金属币市场价与不变成本之间的溢价率，或简称贵金属币不变成本溢价率。

（4）市场价/变动成本（简称 S/BD）：用于衡量现代贵金属币市场价与变动成本之间的溢价率，或简称贵金属币变动成本溢价率（俗称料价比），即货币溢价因素提供价值的幅度。

3. 评价收藏投资价值的相对指标系统

（1）（市场价/零售价）/CPI 比较值（简称 CBZ）：用于衡量现代贵金属币实际增值幅度是否跑赢同期 CPI 的指标。

（2）（市场价/零售价）/存款利率比较值（简称 LBZ）：用于衡量现代贵金属币实际增值幅度是否可以跑赢同期存款利率的指标。

（3）（市场价/零售价）/货币贬值幅度比较值（简称 HBZ）：用于衡

量现代贵金属币实际增值幅度是否可以跑赢同期货币贬值的指标。

（说明：当 CBZ、LBZ、HBZ 大于 1 时，表明币种或板块的实际增值幅度优于相应经济指标，反之表明劣于相应经济指标。）

（4）比较值综合评分（简称 BH）：用于衡量现代贵金属币收藏投资价值的综合指标，也叫综合投资价值指标。它是 CBZ 值、LBZ 值、HBZ 值、GBZ－1 值和 GBZ－2 值的算术相加之和。比较值综合评分（BH 值）主要用于评价各币种或板块之间的相对投资价值，单独使用没有经济意义。

（5）市场价格涨跌能力：可简称为"价格涨跌系数（X 值）"。当现代贵金属币大盘下跌时可称为"抗跌系数"，当现代贵金属币大盘上涨时可简称为"助涨系数"。"市场价格涨跌能力（X 值）"主要用于定量计算，某一特定板块或币种的价格变动幅度，相对于现代贵金属币大盘价格变动幅度的优劣。

4. 市场交易活跃度指标系统

（1）成交顺畅：指市场流通量较大，有价有市。

（2）成交不畅：指市场流通量一般，有价无市。

（3）成交困难：指市场流通量很少，无价无市。

5. 上述指标的设计原理和计算的数学模型详见由西南财经大学出版社发行的《中国现代贵金属币的理论与实践》。

（六）币种重量规格分类

1. 特大规格币种：贵金属含量大于等于 5 000 克的币种。

2. 大规格币种：贵金属含量小于 5 000 克，大于等于 1 000 克的币种。

3. 中等规格币种：贵金属含量小于 1 000 克，大于等于 100 克的币种。

4. 一般规格币种：贵金属含量小于 100 克，大于等于 1/10 盎司的币种。

5. 小规格币种：贵金属含量小于1/10盎司的币种。

（七）**金币市场**：与中国现代贵金属币的发行、销售、收藏与消费、市场流通和市场服务相关的全部市场活动。

（八）**一级市场**：特指在我国现代贵金属币流通环节中，包括国有专营企业批发环节，以及批发环节后进行第一次价值转换的市场交易活动。

（九）**二级市场**：特指在我国现代贵金属币流通环节中，完成上述市场交易活动后，继续进行价值转换的市场交易活动。

（十）**电子交易平台**：把商品属性已经被弱化的邮币卡作为交易筹码，以批量持仓和标准化交易为主要特征，通过实物与资本结合，进行商业运作的一种公众交易平台。

（十一）**钱币鉴定评级**：首先对钱币的真伪进行鉴定，并对此承担相应的商业担保，在此基础上使用定量评价方法，对钱币品相的优劣进行评价的商业活动。其中，全部完成上述评价流程的钱币称为评级币，只对真伪进行鉴定，不对品相优劣进行评价的钱币称为认证封装币，简称封装币。

"中国现代贵金属币信息分析系统©"说明

研发"中国现代贵金属币信息分析系统©"的主要目的是使用定量分析工具对我国金币市场的运行状况进行研究。在《中国现代贵金属币市场分析报（2017年）》中的分析数据全部出自这个分析系统。

为保证系统科学有效，"2017版分析系统"（以下简称"分析系统"）继续使用原有的理论框架、指标体系、分析方法和数学模型，同时在此基础上进行了如下全面升级和调整：

1. 将现代贵金属币的收藏投资价值分析系统和文化艺术价值分析系统进行整合，形成了全新的"中国现代贵金属币信息分析系统©"。

2. 在"中国现代贵金属币信息分析系统©"中，引入贵金属币的合金成分参数，同时对检索系统进行升级改造，能够分析的内容更加广泛。

3. 根据2017年增量币种的新变化，对分类体系进行了相应调整。

4. 经进一步调查论证，对个别币种的实铸实售量进行了调整。

5. 为保证录入系统各种数据的可靠性、代表性和连续性，在2017年各项数量及价格信息的采集过程中，继续采用了以下方法和原则。

（1）数据来源

①全年监控并记录国内外各大钱币网络拍卖和现场拍卖的实际成交价格。

②2017年12月，邀请国内有代表性的11个相互独立的系统同时报

出市场交易价格。

③在国内主要现货交易市场建立价格监测点，实时监控全年价格变动情况。

④通过公开渠道，采集官方公布的各项相关数量数据和价格数据。

（2）市场价格的定价原则

①有记录可查询的顺畅成交原则：即参与计算的市场价格均为可通过公开渠道查询的实际成交价格，或独立报价系统报出的价格。对无法查证核实的私下交易价格不予采录。

②时段原则：即以 2017 年 12 月的市场成交价格为基础，对在 2017 年 12 月没有成交记录的币种，参照与其最为靠近的实际成交价格。

③卖方原则：即按卖方获得的实际收益计算市场价格。

④统计原则：即在同一时段内如出现多个成交价格的币种，则按统计学方法计算均值。

⑤相对性原则：由于各年度和各币种市场价格的采录和计算均使用相对稳定的假设条件，计算结果的数据质量具有相对性、连续性和稳定性。如改变假设条件，将有可能出现不同的计算结果。

有关分析系统的结构及原理详见由西南财经大学出版社发行的《中国现代贵金属币的理论与实践》一书。

6. 在"分析系统"中，其他数据的采集方法

（1）国际官方铸币用金统计数据来自汤森路透（GFMS）。

（2）国内黄金市场消费统计数据来源于中国黄金协会网站。

（3）钱币鉴定评级数据来自 NGC（美国）、PCGS（美国）、上海源泰艺术品服务有限公司、北京中金国衡收藏钱币鉴定评级有限公司、北京公博古钱币艺术品鉴定有限公司、北京华龙盛世钱币艺术品鉴定有限公司、北京众诚国鉴收藏品鉴定有限公司、中钞国鼎投资有限公司、广东鼎誉古泉文化艺术品有限公司，南京保粹钱币评级有限公司和中钱国信收藏品鉴定评级（北京）有限公司提供的数据。

（4）拍卖成交数据来自赵涌在线、易金在线、北京易藏网络技术有限公司旗下"易藏拍卖平台"、海瑞德拍卖行（香港）、一只鹿拍卖平台、北京东西方国际拍卖有限公司、捡克拍卖平台、爱秀集团冠军拍卖（中国香港）、泰星硬币（日本）、现代钱币网、北京保利国际拍卖有限公司、中国嘉德国际拍卖有限公司、北京诚轩拍卖有限公司和首席收藏网提供的其他10家拍卖公司的拍卖成交价数据。

（5）国际投资币铸造量数据来源于有关国家的官方网站。

（6）电子交易平台交易数据来自上线交易现代贵金属币的30家电子交易平台网站。

在《中国现代贵金属币市场分析报（2017年）》中没有特别说明时，所示的数量（枚）和重量（盎司）数据均为实铸实售量数据，或由实铸实售量计算得出的数据。在数据计算中，项目数、币种数和交易活跃度数据均为实际数据，其他显示数据按所示单位，均采用四舍五入方法计算得出。

2018年"分析系统"的升级与调整由陈岩磊、冯锐共同参与完成。在系统升级、采集相关数据和撰写本报告的过程中，得到了（以下按姓氏笔画为序）丁林、丁峰、刁燕、万志国、王东阳、王立新、王宝清、王春利、王顺珑、支小赣、白冰、刘子辉、刘晓静、刘磊、汤国明、李波、李振亭、李慧、杨谦、陈浩敏、赵振阳、赵涌、赵鹏、段洪刚、姚之元、徐弘、徐建新、龚士良、龚晓娇、谢德恒、蔡茂等人士的大力支持和帮助，在此表示衷心感谢。

赵燕生

2018年2月于北京

附 表

附表1　　中国现代贵金属币项目主题分类统计　　单位：个

☆熊猫		☆生肖		☆历史事件		☆历史人物		☆中华文化及文明	
熊猫	36	（鸡）年	4	建国	4	中国杰出历史人物	10	中华文物	9
熊猫发行纪念	7	（狗）年	4	辛亥革命	3	世界文化名人	4	龙文化	3
商业银行	22	（猪）年	3	抗战胜利	4	国家杰出领导人	6	古代科技发明发现	5
金融市场及组织	5	（鼠）年	3	长征胜利	4	孙中山	3	宗教	12
印钞造币企业	3	（牛）年	3	建军节	3	其他历史人物	13	中国绘画	11
发展建设成就	3	（虎）年	3	香港澳门回归	6			麒麟	4
社会活动	2	（兔）年	3	发展建设成就	13			中国传统文化	2
展览会博览会	20	（龙）年	3	省市自治区纪念	13			黄河文化	2
省市自治区	2	（蛇）年	3	世博会	3			中国古典文学名著	12
		（马）年	3	其他社会活动或事件	16			丝绸之路	4
		（羊）年	3					少数民族文化	1
		（猴）年	3					中华民俗	17
		生肖币发行纪念	2					戏曲艺术	8
								石窟艺术	4
								民间神话	3
小计	100		40		69		36		97

续表

☆体育		☆风景名胜		☆珍稀动物		☆其他	
夏季奥运会	8	佛教圣地	4	珍稀动物	5	国际活动	3
冬季奥运会	5	世界遗产	7	远古动物	1	国际组织	7
其他奥运会	3	其他风景名胜	9	禽类动物	2	国际友好	3
世界杯	6					展览会博览会	15
亚运会	5						
乒乓球	2						
其他体育赛事	2						
体育组织	2						
小计	33		20		8		28

附表2 中国现代贵金属币发行重量规格分类统计（按克重大小排序）

金币		银币		铂币		钯币		双金属币		
重量规格	币种数量	重量规格	币种数量	重量规格	币种数量	重量规格	币种数量	重量规格	币种数量	合计
10公斤	14									14
5公斤	1									1
2公斤	5									5
1公斤	63	1公斤	75							138
20盎司	3	20盎司	5							8
18两	1									1
500克	3									3
12盎司	22	12盎司	28							50
								5盎司金+2盎司银	3	3
5盎司	116	5盎司	127							243
150克	8	150克	11							19
3.3两	1	3.3两	2							3
100克	2									2
2盎司	1	2盎司	37							38
50克	3									3
		44克	5							5

续表

金币		银币		铂币		钯币		双金属币		合计
重量规格	币种数量	重量规格	币种数量	重量规格	币种数量	重量规格	币种数量	重量规格	币种数量	
								30 克金 + 12 克银	1	1
1 盎司	90	1 盎司	445	1 盎司	23	1 盎司	1			559
30 克	2	30 克	46							48
		27 克	97							97
		24 克	2							2
		22 克	92							92
		2/3 盎司	11							11
								1/2 盎司金 + 1/5 盎司银	4	4
20 克	1	20 克	5							6
								1/2 盎司金 + 1/20 盎司银	1	1
16 克	1									1
1/2 盎司	193	1/2 盎司	49	1/2 盎司	2	1/2 盎司	2			246
								1/3 盎司金 + 1/6 盎司银	1	1
15 克	4	15 克	52							56
								1/4 盎司金 + 1/8 盎司银	8	8
1/3 盎司	53									53
10 克	4	10 克	1							5
8 克	41	8 克	4							45
1/4 盎司	155	1/4 盎司	28	1/4 盎司	12					195
5 克	5									5
3 克	10									10
								1/10 盎司金 + 1/28 盎司银	6	6
1/10 盎司	127			1/10 盎司	10					137
		2 克	2							2
1/20 盎司	54			1/20 盎司	8					62
1/25 盎司	26									26
1 克	5									5
合计	1 014		1 124		55		3		24	2 220

附表3　　　中国现代贵金属币发行币种技术特征分类统计　　　单位：枚

技术特征			金 Au	银 Ag	钯 Pd	铂 Pt	双金属	合计
普制	圆形	本色	244	139				383
		镶金		3				3
		镀金		10				10
		方孔	1	1				2
		加厚		2				2
		全喷砂		3				3
		无边沿	15	4				19
		硫化		1				1
	异形	本色	12	12				24
	普制币小计		272	175	0	0	0	447
精制	圆形	本色	545	637	3	54	24	1 263
		方孔	1	1				2
		加厚	4	11				15
		镀金		4				4
		镀金——幻彩		1				1
		镶嵌	2	4				6
		幻彩	8	4				12
		幻彩——镶嵌	1	1				2
		无边沿	9	16		1		26
		局部硫化		1				1
		隐形雕刻		1				1
		彩色	72	131				203
		硫化		2				2
	异形	本色	91	103				194
		彩色	9	32				41
	精制币小计		742	949	3	55	24	1 773
合　计			1 014	1 124	3	55	24	2 220

附表 4　　2017 年板块阳光工程公布的实际铸造数量统计

项目及币种名称	公告量（枚）	实铸量（枚）	实铸率（％）
	5 433 468	5 021 418	92.42
2017 吉祥文化金银纪念币			
（1）"五福拱寿"纪念币			
5 克金币	30 000	21 000	70.00
30 克银币（镀金）	60 000	42 000	70.00
（2）"瓜瓞绵绵"纪念币			
5 克金币	30 000	21 000	70.00
30 克银币（镀金、幻彩）	60 000	42 000	70.00
（3）"并蒂同心"纪念币			
5 克金币（心形、镶嵌）	30 000	21 000	70.00
30 克银币（心形、无边沿、镶嵌）	60 000	42 000	70.00
（4）"年年有余"纪念币			
5 克金币（镶嵌）	30 000	21 000	70.00
30 克银币（镶嵌、幻彩）	60 000	42 000	70.00
内蒙古自治区成立 70 周年金银纪念币			
150 克银币	5 000	5 000	100.00
8 克金币	10 000	10 000	100.00
30 克银币	20 000	20 000	100.00
"一带一路"国际合作高峰论坛金银纪念币			
3 克金币	20 000	20 000	100.00
30 克银币	50 000	50 000	100.00
15 克银币	50 000	50 000	100.00
世界遗产——曲阜孔庙、孔林、孔府金银纪念币			
150 克金币	800	800	100.00
150 克银币	6 000	6 000	100.00
1 公斤银币	3 000	3 000	100.00
8 克金币	20 000	20 000	100.00
30 克银币	50 000	50 000	100.00

续表

项目及币种名称	公告量（枚）	实铸量（枚）	实铸率（%）
中国熊猫金币发行35周年金银纪念币			
30克金+12克银（双金属）	6 000	6 000	100.00
5克金币（幻彩）	50 000	50 000	100.00
15克银币（隐形雕刻）	200 000	200 000	100.00
环青海湖国际公路自行车赛银质纪念币			
30克银币	60 000	60 000	100.00
中国人民解放军建军90周年纪念币			
1 000克银币	3 000	3 000	100.00
150克银币	9 000	9 000	100.00
50克金币	2 000	2 000	100.00
8克金币	30 000	30 000	100.00
15克银币——陆军（5套装）	50 000	50 000	100.00
15克银币——海军	50 000	50 000	100.00
15克银币——空军	50 000	50 000	100.00
15克银币——火箭军	50 000	50 000	100.00
15克银币——战略支援军	50 000	50 000	100.00
金砖国家领导人厦门会晤金银纪念币			
3克金币	20 000	20 000	100.00
30克银币	50 000	50 000	100.00
15克银币	50 000	50 000	100.00
2017中国国际集藏文化博览会熊猫加字银质纪念币			
30克银币（普制加字）	50 000	50 000	100.00
中国戏曲艺术（黄梅戏）金银纪念币			
150克银币	6 000	6 000	100.00
3克金币	30 000	21 000	70.00
15克银币——闹花灯（彩色2枚套）	60 000	42 000	70.00
15克银币——打猪草（彩色2枚套）	60 000	42 000	70.00
2017北京国际钱币博览会银质纪念币			

续表

项目及币种名称	公告量（枚）	实铸量（枚）	实铸率（%）
30 克银币	30 000	30 000	100.00
2018 中国戊戌（狗）年金银纪念币			
2 公斤金币	50	50	100.00
1 公斤金币（梅花形）	118	118	100.00
1 公斤银币	10 000	7 000	70.00
500 克金币	1 000	1 000	100.00
150 克彩色金币（彩色）	2 000	1 400	70.00
150 克彩色银币（彩色）	30 000	21 000	70.00
150 克长方形金币（长方形）	1 500	1 050	70.00
150 克长方形银币（长方形）	20 000	14 000	70.00
15 克梅花形金币（梅花形）	8 000	8 000	100.00
30 克梅花形银币（梅花形）	60 000	60 000	100.00
10 克扇形金币（扇形）	20 000	14 000	70.00
30 克扇形银币（扇形）	60 000	42 000	70.00
3 克金币	180 000	126 000	70.00
30 克银币	300 000	246 000	82.00
3 克彩色金币（彩色）	180 000	126 000	70.00
30 克彩色银币（彩色）	300 000	246 000	82.00
2018 年贺岁纪念币			
8 克银币（普制）	2 700 000	2 700 000	100.00

附表 5　2017 年度评价收藏投资价值综合指标（BH 值）最高的前 25 名金币和铂币名单

名次	发行年度	项目名称	币种规格	BH 值	公告量（枚）
1	1983 年	1984 中国甲子（鼠）年金银纪念币	8 克金币	369.845	5 000
2	1980 年	国际儿童年金银纪念币	1 盎司金币（加厚）	355.061	500
3	1993 年	孙中山先生"天下为公"纪念金币	5 盎司金币	154.905	99

续表

名次	发行年度	项目名称	币种规格	BH值	公告量（枚）
4	1981年	1982中国壬戌（狗）年金银纪念币	8克金币	125.093	5 000
5	1995年	1995版熊猫金银铂及双金属纪念币	1/2盎司金币（普制投资币）	110.006	11 749
6	1998年	1998年迎春金银纪念币	5盎司金币	100.905	128
7	1993年	中国古代科技发明发现金银铂纪念币（第2组）	1/4盎司铂币——零位的产生（5枚套）	88.643	100
7	1993年	中国古代科技发明发现金银铂纪念币（第2组）	1/4盎司铂币——太极阴阳	88.643	100
7	1993年	中国古代科技发明发现金银铂纪念币（第2组）	1/4盎司铂币——马镫	88.643	100
7	1993年	中国古代科技发明发现金银铂纪念币（第2组）	1/4盎司铂币——伞	88.643	100
7	1993年	中国古代科技发明发现金银铂纪念币（第2组）	1/4盎司铂币——汉代兵马俑发现	88.643	100
8	1981年	辛亥革命70周年金银纪念币	1/2盎司金币	80.385	1 500
9	1981年	中国出土文物（青铜器）金银纪念币（第1组）	1盎司金币——象尊	47.950	1 000
9	1981年	中国出土文物（青铜器）金银纪念币（第1组）	1/2盎司金币——犀尊	76.431	1 000
9	1981年	中国出土文物（青铜器）金银纪念币（第1组）	1/4盎司金币——双翼神兽	71.150	1 000
9	1981年	中国出土文物（青铜器）金银纪念币（第1组）	1/4盎司金币——错金豹	71.150	1 000
10	1995年	徐悲鸿诞辰100周年金银纪念币	5盎司金币	73.245	100
11	1994年	中国古代科技发明发现金银铂纪念币（第3组）	1/4盎司铂币——首次发现卫星（5枚套）	73.132	100
11	1994年	中国古代科技发明发现金银铂纪念币（第3组）	1/4盎司铂币——编钟	73.132	100

续表

名次	发行年度	项目名称	币种规格	BH值	公告量（枚）
11	1994年	中国古代科技发明发现金银铂纪念币（第3组）	1/4盎司铂币——蚕丝	73.132	100
	1994年	中国古代科技发明发现金银铂纪念币（第3组）	1/4盎司铂币——龙骨车	73.132	100
	1994年	中国古代科技发明发现金银铂纪念币（第3组）	1/4盎司铂币——船桅	73.132	100
12	1994年	1994年观音金银币	3.3两金币	68.551	128
13	1997年	中国近代国画大师齐白石金银纪念币	1公斤金币	68.456	25
14	1997年	中国丝绸之路金银纪念币（第3组）	1/3盎司金币	65.794	10 000
15	1993年	世界文化名人金银纪念币（第2组）	5盎司金币	63.675	99
16	1992年	中国古代科技发明发现金银铂纪念币（第1组）	1公斤金币——指南针	61.125	10
	1992年	中国古代科技发明发现金银铂纪念币（第1组）	1公斤金币——地动仪	61.125	10
17	1997年	1997版熊猫金银铂及双金属纪念币	1/20盎司铂币	56.977	5 000
18	1998年	1998版熊猫金银纪念币	1/2盎司金币（普制投资币）	53.085	13 009
19	1995年	中国古代航海船金银纪念币	5盎司金币	50.953	99
20	1983年	马可·波罗金银纪念币	1克金币	49.435	50 000
21	1994年	中国—新加坡友好金银纪念币	5盎司金币	49.133	128
22	1993年	1993年观音纪念金币	18两金币	48.960	88
23	1980年	中国奥林匹克委员会金银纪念币	20克金币（加厚）	44.683	500
24	1997年	中国近代国画大师齐白石金银纪念币	5盎司金币	44.255	99
25	1992年	生肖纪念币发行12周年金银纪念币	1公斤金币	42.820	20

附表6　2017年度评价收藏投资价值综合指标（BH值）最高的前25名银币名单

名次	发行年度	项目名称	币种规格	BH值	公告量（枚）
1	1980年	国际儿童年金银纪念币	1盎司银币（加厚）	1 018.556	2 000
2	1980年	国际儿童年金银纪念币	1/2盎司银币（普制喷沙版）	431.846	1 000
3	1980年	中国奥林匹克委员会金银纪念币	20克银币——古代摔跤（加厚2枚套）	298.543	500
3	1980年	中国奥林匹克委员会金银纪念币	20克银币——古代射艺	298.543	500
4	1993年	宋庆龄诞辰100周年金银纪念币	30克银币（坐像）	296.098	20 000
5	1995年	徐悲鸿诞辰100周年金银纪念币	5盎司银币	266.733	300
6	1995年	台湾光复回归祖国50周年金银纪念币	1公斤银币	242.496	100
7	1995年	郑成功金银纪念币	12盎司银币	216.041	150
8	1995年	郑成功金银纪念币	5盎司银币	183.378	250
9	1997年	中国近代国画大师齐白石金银纪念币	1公斤银币	181.097	188
10	1982年	1983中国癸亥（猪）年金银纪念币	15克银币	179.640	10 000
11	1986年	第13届世界杯足球赛纪念银币	1/2盎司银币——控球（普制喷砂币）	174.206	1 000
12	1994年	中国——新加坡友好金银纪念币	5盎司银币	162.604	300
13	1980年	第13届冬奥会金银纪念币	30克银币女子速滑（加厚4枚套）	156.246	500
13	1980年	第13届冬奥会金银纪念币	30克银币——男子速降	156.246	500
13	1980年	第13届冬奥会金银纪念币	30克银币——男子现代冬季两项	156.246	500
13	1980年	第13届冬奥会金银纪念币	30克银币——女子花样滑冰	156.246	500

续表

名次	发行年度	项目名称	币种规格	BH值	公告量（枚）
14	1983年	马可·波罗金银纪念币	2克银币	150.129	7 000
15	1984年	第23届奥运会纪念银币	1/2盎司银币（普制喷沙版）	148.162	1 000
16	1980年	中国奥林匹克委员会金银纪念币	30克银币——古代足球（加厚2枚套）	147.994	500
16	1980年	中国奥林匹克委员会金银纪念币	30克银币——古代马术（加厚）	147.994	500
17	1992年	中国古代科技发明发现金银铂纪念币（第1组）	5盎司银币	143.474	3 000
18	1998年	1998年观音纪念银币	1/2盎司银币——玉露观音（2枚套）	142.224	10 000
18	1998年	1998年观音纪念银币	1/2盎司银币——合十观音	142.224	10 000
19	1983年	1983版熊猫金银纪念币	27克银币	138.438	10 000
20	1992年	生肖纪念币发行12周年金银纪念币	1公斤银币	133.290	300
21	1992年	中国古代科技发明发现金银铂纪念币（第1组）	1公斤银币——铸铜术（5枚套）	121.963	250
21	1992年	中国古代科技发明发现金银铂纪念币（第1组）	1公斤银币——指南针	121.963	250
21	1992年	中国古代科技发明发现金银铂纪念币（第1组）	1公斤银币——蝴蝶风筝	121.963	250
21	1992年	中国古代科技发明发现金银铂纪念币（第1组）	1公斤银币——地动仪	121.963	250
21	1992年	中国古代科技发明发现金银铂纪念币（第1组）	1公斤银币——航海造船	121.963	250

续表

名次	发行年度	项目名称	币种规格	BH 值	公告量（枚）
22	1995 年	中国古典文学名著三国演义金银纪念币（第 1 组）	5 盎司银币	121.596	500
23	1994 年	中国古代名画系列（婴戏图）金银纪念币	1 盎司银币——夏景婴戏图（2 枚套）	119.063	2 500
23	1994 年	中国古代名画系列（婴戏图）金银纪念币	1 盎司银币——秋景婴戏图	119.063	2 500
24	1997 年	中国近代国画大师齐白石金银纪念币	12 盎司银币	117.815	380
25	1995 年	黄河文化金银纪念币（第 1 组）	5 盎司银币	116.514	500

附表 7　2017 年度评价收藏投资价值综合指标（BH 值）最低的后 25 名金银币名单

名次	发行年度	项目名称	币种规格	BH 值	公告量（枚）
1	1993 年	1994 年中国甲戌（狗）年金银铂纪念币	5 盎司金币	1.416	99
2	1988 年	1988 版熊猫金银铂纪念币	1/2 盎司金币（普制投资币）	1.785	220 430
3	1987 年	1987 版熊猫金银铂纪念币	12 盎司金币	1.886	4 000
4	1987 年	1987 版熊猫金银铂纪念币	5 盎司金币	1.935	3 000
5	1988 年	1988 版熊猫金银铂纪念币	12 盎司金币	2.058	3 000
6	1988 年	1988 版熊猫金银铂纪念币	1/2 盎司金币（P 字）	2.116	8 000
7	2010 年	中国 2010 上海世界博览会金银纪念币（第 2 组）	1/3 盎司金币（彩色）	2.154	60 000
8	1987 年	1987 版熊猫金银铂纪念币	1/20 盎司金币（P 字）	2.188	10 000
9	2010 年	深圳经济特区建立 30 周年金银纪念币	1/4 盎司金币	2.217	20 000

续表

名次	发行年度	项目名称	币种规格	BH值	公告量（枚）
10	1987年	1987版熊猫金银铂纪念币	1/10盎司金币（P字）	2.256	10 000
11	1987年	1987版熊猫金银铂纪念币	1/4盎司金币（P字）	2.271	10 000
12	2013年	2014年中国甲午（马）年金银纪念币	1/3盎司金币（扇形）	2.289	30 000
13	1987年	1987版熊猫金银铂纪念币	1/2盎司金币（P字）	2.310	10 000
14	1987年	1987版熊猫金银铂纪念币	1盎司金币（P字）	2.338	10 000
15	1988年	1988版熊猫金银铂纪念币	1盎司金币（P字）	2.418	8 000
16	1986年	1986版熊猫纪念金币	1盎司金币（P字）	2.451	10 000
17	1988年	1988版熊猫金银铂纪念币	5盎司金币	2.462	3 000
18	1991年	第16届冬奥会金银纪念币	1/3盎司金币	2.463	10 000
19	1986年	1986版熊猫纪念金币	12盎司金币	2.490	2 550
20	1987年	1987版熊猫金银铂纪念币	1/4盎司金币——S版（普制投资币）	2.506	73 419
21	1986年	1986版熊猫纪念金币	1/10盎司金币（普制投资币）	2.535	78 800
22	2007年	第29届奥林匹克运动会贵金属纪念币（第2组）	1公斤银币（彩色）	2.553	20 008
23	1994年	国际奥林匹克运动会100周年金银纪念币	1/3盎司金币	2.577	5 000
24	1990年	第25届奥运会金银纪念币	1/3盎司金币	2.581	10 000
25	2009年	中国农业银行股份有限公司成立熊猫加字金银纪念币	1/4盎司金币（普制加字）	2.614	100 000

附表 8　　2008～2017 年国际官方铸币用金统计

时间	2008 年	2009 年	2010 年	2011 年	2012 年	2013 年	2014 年	2015 年	2016 年	2017 年
南非（吨）	8.7	23.2	20	23.8	23.7	27.5	21.5	27.7	35.2	49
土耳其（吨）	53.1	30.9	35.6	58.9	39.9	90.6	40.5	19.8	22.4	38
加拿大（吨）	27.6	38.2	34.1	35.8	23.9	35.5	22.1	29.7	30.6	22.5
美国（吨）	33.7	50.5	44.5	36.5	27.5	34.1	21.8	32.9	38.4	12.9
奥地利（吨）	24.9	33.4	17.9	21.1	12.4	20.3	15	23.5	17.4	12.8
澳大利亚（吨）	9.6	11	8.4	10.6	10	16.2	11.6	9.9	10.9	9.2
英国（吨）	4.3	4.7	4.4	5.8	6.8	4.9	4.7	9.5	8.9	7.6
伊朗（吨）	18.4	29.2	39.6	52.3	55	58	33.6	27	2.5	2
墨西哥（吨）	2.5	0.3	2.3	0.2	1.4	1.4	1.2	1.3	0.9	1.4
德国（吨）	5.5	5	5	4.7	5	4.2	4.2	0.8	1	0.8
俄罗斯（吨）	5.7	6.5	5.4	4.6	6.4	5.7	4.5	4.1	4.2	0.1
其他	3.1	5.4	3.1	3.1	2.8	2.2	2.8	2	1.5	2.2
中国境内（吨）	5.5	6.7	8.5	23.9	21.4	21.8	14.8	22.9	31.1	19.6
世界合计（吨）	202.6	245.0	228.8	281.3	236.2	322.4	198.3	211.1	205.0	178.1
中国/世界(%)	2.71	2.73	3.72	8.50	9.06	6.76	7.46	10.85	15.17	10.99

注：国际数据来源于汤森路透 GMFS——2017 年黄金年鉴，中国数据来源于《中国现代贵金属币信息分析系统》。

附表9 2008~2017年国内黄金市场主要用途及消费结构统计

年度		2008年	2009年	2010年	2011年	2012年	2013年	2014年	2015年	2016年	2017年	2017年与2016年相比的变化幅度（%）
用途及结构（吨）	合计	440.9	526.3	686.9	893.8	850.50	1 171.27	889.86	985.90	974.42	1083.03	11.15
	黄金首饰	340.6	376.3	451.8	549.6	502.71	716.50	667.06	721.58	611.17	696.50	13.96
	实物金条	60.8	102.3	178.6	271.9	239.98	375.73	155.13	173.08	257.64	276.39	7.28
	工业用金	31.2	39.5	46.4	51.0	48.85	48.74	43.6	68.44	75.38	90.18	19.63
	其他					15.30	10.40	7.5				
	官方铸币	8.3	8.2	10.1	21.3	21.23	19.90	16.57	19.30	30.23	19.96	-33.97
国内官方铸币量在总量中的占比（%）		1.88	1.56	1.47	2.38	2.50	1.70	1.86	1.96	3.10	1.84	
国内官方铸币量在实物金条中的占比（%）		13.65	8.02	5.66	7.83	8.85	5.30	10.68	11.15	11.73	7.22	

注：①2008~2011年的数据来源于汤森路透GMFS黄金年鉴。
②2012~2017年数据来源于中国黄金协会。
③官方铸币数据来源于《中国现代贵金属币信息分析系统》。

主要参考文献

1. 中国金币总公司：《中华人民共和国贵金属纪念币图录（2006~2012）》，西南财经大学出版社 2016 版。

2. 单微：《统计学》，中国统计出版社 2012 年。

3. 国家统计局统计公报（2018）。

4. 赵燕生：《中国现代贵金属币文化艺术价值问卷调查分析报告》，中国财政经济出版社，2018。

5. 赵燕生：《中国现代贵金属币市场分析报告（2016 年）》，中国财政经济出版社 2016 版。

6. 赵燕生：《中国现代贵金属币的理论与实践》，西南财经大学出版社 2016 版。

7. 中国人民银行、国家外汇管理局、中国黄金协会、上海黄金交易所、中国金币总公司网站。